国語授業の改革13

若い教師のための「言語活動」を生かした国語の授業・徹底入門

「ねらい」の決め方、教材研究のコツ、授業展開のポイント

科学的『読み』の授業研究会 編

学文社

はじめに

二〇〇八年学習指導要領では「言語教育」としての国語という方向が明確に打ち出されました。そこには「構成」「全体との部分の関係」「登場人物」「比喩や反復」「評価」「批評」など、これまで科学的『読み』の授業研究会が追究してきた要素が多く含まれます。「言語活動」の充実も、その延長線上にあると言えます。

しかし、特に「言語活動」の充実については、全国でとまどいがあるようです。「活動」だけが前面に出て「活動あって指導なし」「活動あって学びなし」という国語の授業が生まれています。国語は教科内容がとらえにくいために、特にそういった状況に陥りやすいのだと思います。

そこで本書ではそれを克服するための手立てを提示しました。「言語活動」を通じて子どもたちに確かで豊かな国語の力をつけるにはどうしたらよいのかを、教科書の教材に即して具体的に解明します。実際に教室で展開された授業例も数多く紹介します。

また今回は特に「若い教師のため」を重視しました。教師になったばかりの先生方が「なるほど言語活動を生かすとはこういうことか」と納得してくださるような解明をめざしました。だから「徹底入門」です。

第Ⅰ章でははじめに阿部昇と井上一郎先生の「言語活動」に関する論考を位置づけました。その上で「言語活動」を生かした様々な国語の授業展開の方法を示しました。「ねらい」設定の仕方、教材研究の切り口、発問・助言や学習集団の指導を大事にした授業づくりの方法などを、授業記録とともに提示します。第Ⅱ章では「言語活動」に関わる様々な授業スキルを特集しました。授業の導入、指名、机間指導、話し合いや討論の指導などのスキルです。第Ⅲ章では「言語活動」を生かした「カレーライス」（重松清）の全授業記録を取り上げました。第Ⅳ章では気鋭の研究者に国語の授業と「言語活動」との関わりについて様々な角度から論じていただきました。

多くの先生方・研究者の方々に読んでいただき、たくさんのご意見をいただきたいと思います。

二〇一三年八月

読み研代表　　阿部　　昇（秋田大学）

目次

【問題提起】

1　「言語の教育」としての国語科教育と「言語活動」

――「言語」にこだわることで子どもの学力はのびる

阿部　昇（秋田大学）

本稿では、まず言語活動で指導者が意識すべき二つの「文脈」について述べる。次いで時枝誠記の論考を取り上げながら、二つの文脈にかかわり日本が「言語の教育」としての国語科教育に舵《かじ》を切りつつあることの意味を考える。そして国語以外の教科における「言語」の位置を探りながら、国語科が担うべき役割を確かめる。最後に様々な言語活動を「内言の外言化」という観点からとらえ直すことで、それらの生かし方を解明していく。

1　「言語活動」の充実を二つの文脈でとらえる
――その一「言語に関する能力」「思考力」にこだわる

二〇〇八年告示の小学校・中学校学習指導要領では、「言語活動」の充実が前面に押し出されている。「総則」に「言語活動を充実する」と明記されているだけでなく、「国語」などには、各学年の各分野の「内容」中に「言語活動」が三〜六項目にわたり位置づけられている。

すべての教科で「言語活動」を重視するという提起そのものには賛成できる、しかし、その意味が学校現場で十分に理解されずに「活動主義」つまり「活動あって指導なし」「活動あって学びなし」という状態に陥っている場合が少なくない。それを乗り越えるためには、二つの文脈から「言語活動」をとらえ直すことが有効である。

その一つ目は「言語の能力」「言語の教育」という文脈で「言語活動」を改めてとらえ直すことである。学習指導要領「総則」には次のようにある。[1]（傍線阿部）

各教科の指導に当たっては、児童の思考力、判断力、表現力等をはぐくむ観点から、（中略）言語に対する関心や理解を深め、言語に関する能力の育成を図る上で必要な言語環境を整え、児童の言語活動を充実すること

「総則」に「言語に関する能力の育成を図る」とあるいうことは、「言語」の観点からすべての教科の教育をとらえ直すということである。そして「思考力、判断力、表現力」のいずれもが「言語」の能力に関わる。「表現力」は当然だが「思考力」「判断力」も言語に深く関わる。思考・判断は、頭の中の現象でそのままでは意識化しにくいが、言語が脳の中で働くことで成立する。それは通常の言語である「外言」とは違う「内言」である。「言語活動」として話したり書いたりするということは、意識化が苦手な内言を外言化し意識化することである。内言の外言化により思考が再構成され対象化され、学びが深まり確かなものとなる。これも言語の観点で、すべての教科の教育をとらえ直すという提起である。

「言語」という観点から教科の教育をとらえ直すとは具体的にはどういうことか。まずは国語について考えてみる。二〇〇八年学習指導要領「国語」では、「読むこと」中に「登場人物」という言葉が多く位置づいている。一九九八年版（以下「旧版」）「国語」の「読むこと」では、「登場人物」という言葉は、小1〜中3を通じて一度しか出てこない。「登場人物の心情や場面についての描写など、優れた叙述を味わいながら読むこと」（小5・小6）だけである。それに対し、二〇〇八年版（以下「新版」）では、小1〜中3のすべての学年に「登場人物」が位置づいている。「登場人物の性格や気持ちの変化」「登場人物の相互関係」「登場人物などの描写」「登場人物の設定の仕方」などである。[2]

また、新版には「比喩や反復などの表現の工夫」（小5・小6）、「比喩や反復などの表現の技法」（中1）が位置づいている。旧版にはそういった記述は全くない。

「構成」「展開」「文章全体」等の記述も増えている。新版の小1・小2の「目標」に「簡単な構成を考えて文や文章を書く能力」とある。中2「読むこと」には「構成や展開、表現の仕方について〜自分の考えをまとめる」「文章全体と部分との関係〜を考え」などがある。

新版の小学校学習指導要領解説・国語編には、右に

かかわる物語の構成として「状況設定—発端—事件展開—山場—結末」が示されている。[3]それは次のように図式化できる。「事件」は阿部が付け足した。山場の中にクライマックスを位置づけると、より作品構造が見えてくる。読み研では「状況設定」は「導入部」、「事件展開」は「展開部」としている。これに「終結部（エピローグ）」が付くと四部構成になる。以前から阿部が提案しているように物語・小説の典型構成としては三部も四部も設定できる。教科書教材に三部が多いために解説・国語編では三部構成を示したのであろう。

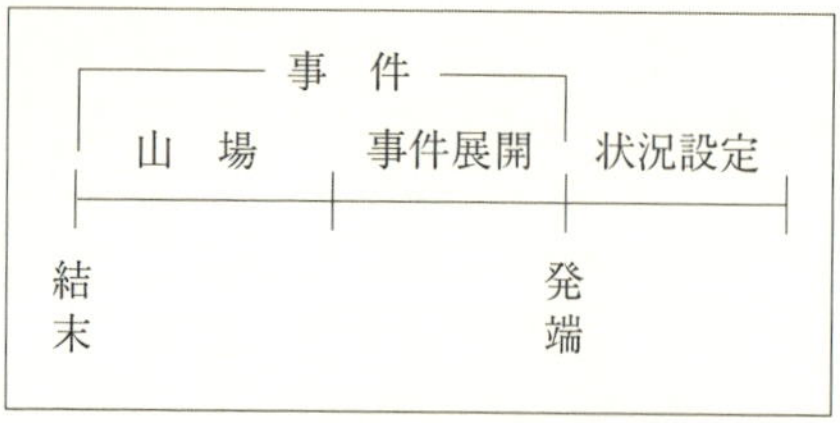

説明的文章の構成では「序論—本論—結論」が示されている。ともに科学的『読み』の授業研究会（以下「読み研」）がこれまで提案してきた「構造よみ」における「典型構成」と大きく重なる。

作品中には「登場人物」という言葉は出てこない。作品を「登場人物の設定」「登場人物の相互関係」などの角度で読むことで、より豊かな形象が生まれるということである。同様に作品中には「比喩」「反復」、「発端」「山場」などの言葉も出てこない。それらを意識しながら読むことで様々な発見や豊かな形象が生まれるということである。

ただし、学習指導要領の「内容」をそのまま授業に持ち込んでも活動主義は克服できない。内容を学校・地域でより具体化することが必須である。たとえば物語・小説の「登場人物の設定」でも「設定」箇所を見つけただけでは力はつかない。導入部の人物設定が、その後の事件展開や山場の部分で伏線としてどのように生きてくるのかといったことを、具体的な教材の中で発見させていく指導が必要である。そのためにはたとえば「導入部の人物設定は、伏線として山場で意味を発生することを学ばせる」などの具体的な目標・ねらいをもつ必要がある。「スイミー」（レオ＝レオニ）（小２）であれば「みんな赤いのに、一ぴきだけは、からす貝よりもまっくろ。」という導入部の人物設定の一文から七つ以上の表現上のレトリック・工夫が読めるが、これは山場のクライマックス「ぼくが、目になろう。」で伏線として見事に生きる。そして、この作品のテーマも大きく支えている。

それが「言語」にこだわった国語ということである。

これらは要するに「言語活動」を通じてどういう教科内容を身につけさせるかという課題に関わる。そこに活動主義を克服するための鍵がある。

2 「言語活動」の充実を二つの文脈でとらえる
―その二「PISA」にかかわる文脈

二つ目の文脈は、OECDの「生徒の学習到達度調査」(以下「PISA」)にかかわる。二〇〇〇年に始まったPISAだが、二〇〇三年に特に「読解力」で日本の正答率が下がった。三年前に参加国中八位だったものが十四位になる。わずかな低下に見えるが、これは上位グループから中位グループへの移動を意味した。それを「PISAショック」と呼ぶこともあるが、文部科学省をはじめ教育界で学力低下に関する論議が高まる。「ゆとり教育」の見直しとあいまって学力向上が重要課題となる。

その流れの中で二〇〇七年全国学力・学習状況調査が始まる。特に「B問題」は、PISAを強く意識している。そしてそれらが二〇〇八年の中央教育審議会答申につながり、その年の学習指導要領告示に至る。[4]

中央教育審議会答申には「PISA」が何度も引用される。「思考力、判断力、表現力等の育成」の項には「PISA調査の読解力や数学的リテラシー～の評価の枠組みなどを参考にしつつ、言語に関する専門家などの知見も得て検討した」という記述があり、その学習活動として「説明」「分析」「評価」「論述」などが示されている。

実際にPISA問題を見ると、「贈り物」という物語問題の設問中に作品の構成上のレトリックを問うものがある。「あまり苦しそうな声だった」等の作品前半の記述を示した上で「物語後半で起こったことを考えると、著者はヒョウを登場させるにあたって、なぜこういう書き方をしたのでしょうか。」とある。これは物語の伏線という構成上のレトリックに関わるものである。また、物語の「暗示」を問う設問もある。さらに「『贈り物』の最後の文が、このような文で終わるのは適切だと思いますか。」という評価・批評に関わる設問もある。[5]

街の「落書き」をめぐる賛成・反対の二つの手紙を示し、「あなたは、この2通の手紙のどちらに賛成しますか。片方あるいは両方の手紙の内容にふれながら、自分なりの言葉を使ってあなたの答えを説明してください。」

と問う設問もある。さらに「あなたの意見では、どちらの手紙がよい手紙だと思いますか。」という設問がある。これらは、自分の判断を示しその根拠を手紙本文の引用と自分の言葉による意味づけとで答えることを求めている。「言語」に丁寧にこだわらせる設問である。同時に自分の評価を表明することも求めている。いずれに賛成しても根拠が明確であればよい。一方に賛成するということは、言い換えればもう一方に賛成できないということだから、批判的に見る（読む）力も関わる。(6)

新版学習指導要領でも「自分の考え」という記述が大幅に増え、特に国語では中3に「文章の展開や表現の仕方などを評価しながら読む能力」「批評する文章を書く」などの記述が位置づけられている。これは学習指導要領の歴史では画期的なことである。昭和二〇年代には「評価」「批判」などの言葉が学習指導要領に散見されたが、昭和三〇年代になると、ほとんど消えていく。それが五十年ぶりに復活したとも言える。

「言語」「言語の能力」「思考力」「判断力」「評価」「批評」等の文脈を強く意識することで、「言語活動」における活動主事を克服する道筋が見えてくる。

3 「言語の教育」としての国語科教育という方向性
――時枝誠記の警告

国語は日本語を扱うのだから「言語」重視は当然と思われるかもしれないが、ことはそう簡単ではない。一九〇〇（明治三三）年に「国語」が教科として明確に位置づけられて以来、「言語の教育」として国語科教育を展開させていくべきかどうかについては紆余曲折がある。

時枝誠記は、一九四八（昭和二三）年に、「惚れさせる国語教育」という言い方で、戦前・戦後そして当時（戦後すぐ）の国語科教育を次のように批判した。(7)

終戦後、古典教材が何となく遠慮されねばならないやうに感ぜられたり、或はそれらが反動思想を温存するかのやうに危険視されたり、一般国語読本を批判するものが、主として読本教材の思想内容の如何について問題にするのは、従来の国語教育が専ら教材に惚れさせることを目的としてゐたがためである。惚れさせることが目的であつたから、好ましくない思想に触れさせることは最も警戒しなければならないことであつた。戦時中は、日本精神に惚れさせることが大切であつたが、戦後はそれらを警戒して、民主主義的自由主義的思想に惚れさせることが必要とされて来た。このやうにして、国語教育は、惚れさせる内容についてはー大転換をしたのであるが、国語教育そのものの理念に於いては旧態依然たるものであつた。

（中略）

「惚れさせる国語教育」とは一体どのやうなものであるか。例へば、ここに偉人の伝記が教材に採られたとする。教師はここで生徒をして正確に冷静に、文章の趣旨を理解させることに専念させる代りに、生徒をして感奮させ奮起させることを主要なことと考へ、国語教育の目的もまたそこにあると考へるのである。

右で取り上げられているのは「古典教育」や「伝記」であるが、これは国語の授業で扱われる教材全般についても言えることである。時枝はさらに一九四三（昭和一八）年の「国語科教授要旨」中の「国民的思考感動ヲ通ジテ国民精神ヲ涵養シ我ガ国文化ノ創造発展ニ培フモノトス」を取り上げ批判する。その上で時枝は、今後求められる「惚れさせない国語教育」を次のように示す。

国語教育の主眼とするところは、相手の思想の如何に関せず、己を空しくして、これを正確に忠実に理解する能力と、このやうな寛大な、又冷静な、そして己の好尚に媚びない峻厳な態度を養成し訓練するところにあると云はなければならない。

（中略）

惚れさせない国語教育は、箱入娘を養成するのではなくして、如何なる異性に対してもその価値を評価し得るやうな見識を持った女性を養成することである。

時枝は、「書物を読む方法と能力を養ふ言語教育」の必要性を強く主張していた(8)。時枝が批判するのは、作品を絶対化する国語であり「言語」軽視の「鑑賞主義」的な国語である。批判の対象は戦前・戦中と戦後すぐの国語科教育であるが、それはその後現在まで繰り返し形を変えて生き続けている。「山場とかクライマックスとか設定とかなどと言うから名作を読む喜びや感動が失われる」といった論調は今でも根強くある。そういう国語科教育に時枝は強い「危険」を感じていた。

「己を空しくして」「正確に忠実に」という言い方には問題が含まれるが、時枝は言語の「能力」を重視するというだけでなく、「評価」の指導の必要性にも言及している。新版学習指導要領を見ると、時枝の「言語」重視の国語科教育という主張の方向に日本の教育が動き始めていると言えそうである。時枝の理論を新しい観点から（その限界を含め）評価し直す必要がある。

4　すべての教科で「言語」にこだわることで新しい展開が生まれる――「言語」から各教科と国語の関係を見直す

「言語活動」「言語に関する能力」「思考力、判断力、表現力」をすべての教科で重視するという場合、それについて二つの大きな誤解がある。その一つは、「言語」重視は「すべての教科で国語の指導をすること」ととらえてしまう誤解である。もう一つは、各教科の指導の際の道具としての「言語」という誤解である。

確かに各教科に国語学力は関わるし言語には道具的側面がある。しかしそのレベルで各教科における「言語」「言語に関する能力」「言語活動」をとらえていても教科の教育を見直すことにはならない。「言語」は、各教科の教科内容や教材研究の在り方と深く関わる。そこまで糸を垂らさないと的外れの「言語活動」を生むことにもなる。

まず算数・数学における「言語」である。数字や記号も確かに言語である。ただしそれは極めて抽象化された言語であり、内言に近い外言と言える。あまり意識していなくても、操作的に式を書き答えを出せるようになる。数式を操作できることにも価値や意義はある。しかし、それだけで数学的認識は十分に育たない。それをより通常の言語（外言）で意識化することで数学的認識が育つ。

たとえば下記Aの問題である。これまでだとBのような式を書き答えを出し完了である。これを「言葉」を使って説明させるとCのようになる。これも「言語活動」には違いない。しかし、式を少し通常の言葉に近づけただけで数学的認識を生かしていない。

そこで、次頁Dのように「まとまり」「全体」などの概念（用

A　ひろしさんはぶんぐ店に1000円をもって買物に行きました。はじめに１本65円のえんぴつを１ダース買いました。次に130円のノートを１冊買いました。おつりはいくらでしょう。

B　65×12＝780
780＋130＝910
1000－910＝90
答え　90円

C　65円かける12だから、780円。
780円と130円を足すと910円。
1000円から910円を引くと、
90円。　答えは、90円です。

D　ひろしさんが買ったのは65円のえんぴつを１ダース、つまり12本だから65×12＝780で、えんぴつのお金は780円です。そしてノートは130円で１冊だからそのまま130円かかります。

ひろしさんが買ったお金全体を計算すると、えんぴつの780円とノートの130円を足して、780＋130＝910で、910円です。

はじめに、ひろしさんは1000円持っていました。1000から買ったお金の910円を引くと、1000－910＝90で、おつりは90円です。

答えは、90円です。

E　構造的把握（三重構造）

①ひろしさんは、ぶんぐ店に1000円をもって買物に行きました。

②１本65円のえんぴつを１ダース買いました。

③130円のノートを１冊買いました。

④おつりはいくらでしょう。

語）を使いながら説明できるように指導していく。Dの説明からEのような三重の認識構造が見えてくる。まず①～③の既知のまとまりと④の未知に分けられる。①～③は、持っていたお金①と使ったお金のまとまり②～③に分けられる。そして②と③も二つに分けられる。こういった概念のまとまりと構造的関係を意識化できることは数学的思考にとって重要なことである。このような「言語活動」により子どもの数学的認識力は育つ。

社会科でも言語が鍵となる。歴史は、混沌とした様々な現実を、書き手の観点から取捨選択し、名付け、意味づけ、関連づけながら、「歴史」として言語化することによって成立する。アプリオリに存在する「歴史」などどこにもない。地理も公民も似た過程で成立している。

たとえば歴史の名称（名付け）である。一八八九年から翌年に中国で起こった「義和団」という団体による一連の行動を、ある教科書は「義和団の乱」と書き、別の教科書は「義和団事件」と書く。「義和団運動」と書いている教科書もある。歴史は名付け抜きに成立しないが、そこには書き手のものの見方が反映される。「乱」は争乱のことである。「事件」同様あまり望ましくない出来事に使われる。それに対し「運動」は「自然保護運動」のように目的を達成するため積極的に行動することである。「乱」「事件」にはこの呼称を選択した書き手の否定的評価が、「運動」には肯定的評価が見える。呼称の言語にこだわることで社会的認識力が育つ。

また、一連の同じ出来事の中のどの事象を選択し、また選択しないかも歴史では重要な意味をもつ。たとえば第二次世界大戦の沖縄戦の記述で、ある教科書は日本軍による集団自決の強要を選択しているが、ある教科書は選択していない。そのかわり後者は戦艦大和の沈没を選択している。言語における「事実」の取捨選択という本質的で重要な要素である。言うまでもなく取捨選択は書き手の内的基準によって行われている。こういったことを意識的に検討していくことで、社会科的認識力は育つはずである。(9)

理科で同じ実験をしても、子どもによってグループによって、その実験結果の記述は違ってくる。あるグループは「アルコールランプで熱すると、白い泡が出てきた。」と記録する。別のグループは「熱すると、一分後に泡が出てきた。」と記録する。さらに別のグループは、「熱すると、白くて酸っぱいにおいの泡が出てきた。」と記録する。これも、さきほどと同じ言語における事実の取捨選択である。ただし、この場合は科学的認識に深く関わる選択である。どの取捨選択がこの実験では妥当であるかについて子どもたちに考え論議させていくことで子どもたちの科学的認識力は高まる。

音楽における楽曲鑑賞、図工・美術における絵画鑑賞も、言語に深く関わる。通常は意識しないことが多いが、楽曲でも絵画でも私たちは言語によって作品を読んでいる。もちろん内言による読みである。だから私たちはモーツァルトの交響曲に感動し、マティスの「ダンス」に心を打たれるのである。その読みとり、つまり鑑賞を外言化することに大きな意味がある。外言化することで、まずは自らの鑑賞を意識化し再構成することができる。そして、それを友だちに説明したり書いたりすることで、対話が生まれる。再度楽曲や楽譜や絵画にもどりながら、検討することで鑑賞は豊かになる。同時に楽曲の聴き方、絵画の見方も身についていく。

すべての教科で「言語」を意識することで、各教科の教科内容、教材研究、授業展開などの見直しが進んでいく。これらの文脈で「言語活動」を展開していくことで、新しい教科指導の可能性が開ける。

このことから翻って再び国語における「言語」を考えると、国語科独自の「言語」要素をより明確に意識することの必要性が見えてくる。文章の「構成」とその工夫・効果を読みとる力、段落相互、文相互、言葉（語彙・語句）相互の「論理」関係を読みとる力、文章の表現上の優れた工夫を評価したり、不十分なことやわかりにくいことを批判したりする「吟味」の力などは国語科でぜひ育てなければならないものである。物語・小説の「構成・構造」、「形象・レトリック」、「吟味・批評」などに関わる力も国語の授業で育てる必要がある。（これらは、読み研が提案してきた説明的文章の「構造よみ」「論理よみ」「吟味よみ」、物語・小説の「構造よみ」「形象よみ」「吟味よみ」における教科内容とかなりの程度重なる。）

ただし、論理や吟味・批判に関わる要素などは、国語以外の教科の言語と深く関わる場合がある。各教科の独自性・専門性を重視しつつも、一方ではそれらの重なりを積極的に生かしていく指導も必要である。

5 「言語活動」のオーダーを意識することで指導の切れ味が増す

「言語活動」は内言の外言化であり、そのことで子どもの学力が再構成され伸びていくことを述べてきた。その「内言」と「外言」の関係を考慮していくと、様々な「言語活動」の差違・特徴が見えてくる。特に「言語活動」の難易度のオーダーが見えてくる。それが見えると、「言語活動」の指導がより切れ味を増す。

言語活動には「レポートを作成」「記録」「説明」「論述」「伝え合い」「話し合い」などが学習指導要領「総則」に例示されている。国語では、さらに「紹介する」「感想を述べ合う」「推薦の文章を書く」「批評する」などがある。これらを「内言」「外言」という基準によって、難易度のオーダーを付けることができる。もちろんこれらはすべて外言である。しかし、それらには、より内言に近い外言と、より内言から遠い外言とがある。

ヴィゴツキーが指摘するとおり内言は「自分へのことば」であり、「断片性、不完全さ、省略」がその特徴である。主語や修飾語を省略した「述語主義」「音節省略や文の短縮」「単語を一つの頭文字にまで縮小する」などが外言と違う点である（だから内言による思考は極めて速度が速い）。そして内言から外言への移行は、「内言のたんなる再構成ではなくて、ことばの再構成」である。特に「書きことばは話しことばに比べ、その構文形式において最大限に完全で、複雑なもの」と言える。

　つまり、書くことは、内言の意識化としては最も手間がかかる。一方、話すことは、外言と言っても聞く相手が目の前にいてかなりの暗黙の了解事項もあるから、再構成の手間は相対的に少なくて済む。[10]

　ということは、「言語活動」の中でも「話し言葉」は子どもにとってより易しく、「書き言葉」はより難しいものであるということがまず確認できる。そして、「話し言葉」「書き言葉」それぞれの中でも、より内言に近いか遠いかでオーダーを組むことができる。すると、たとえば下段の図のようになる。子どもにとって何よりも易しいのは、身近な気心の知れた友だちと軽く会話することである。暗黙の了解もあり、わかりにくければすぐ聞き返してくれる。頭に浮かんだことをそれほど整理しないで口に出しても、なんとか通じる。たとえば少人数のグループでの話し合いなどがこれである。しかし、同じ話す活動でも、学級全体に対してわかりやすく説明をするとなると、そう簡単でなくなる。聞き手の前提の知識も理解力もまちまちである。内言をより丁寧に整理し再構成する必要性が出てくる。主語や修飾語の補填、省略を元の表現に変える。話す順序つまり構成も考えなければ聞き手には理解しにくくなる。

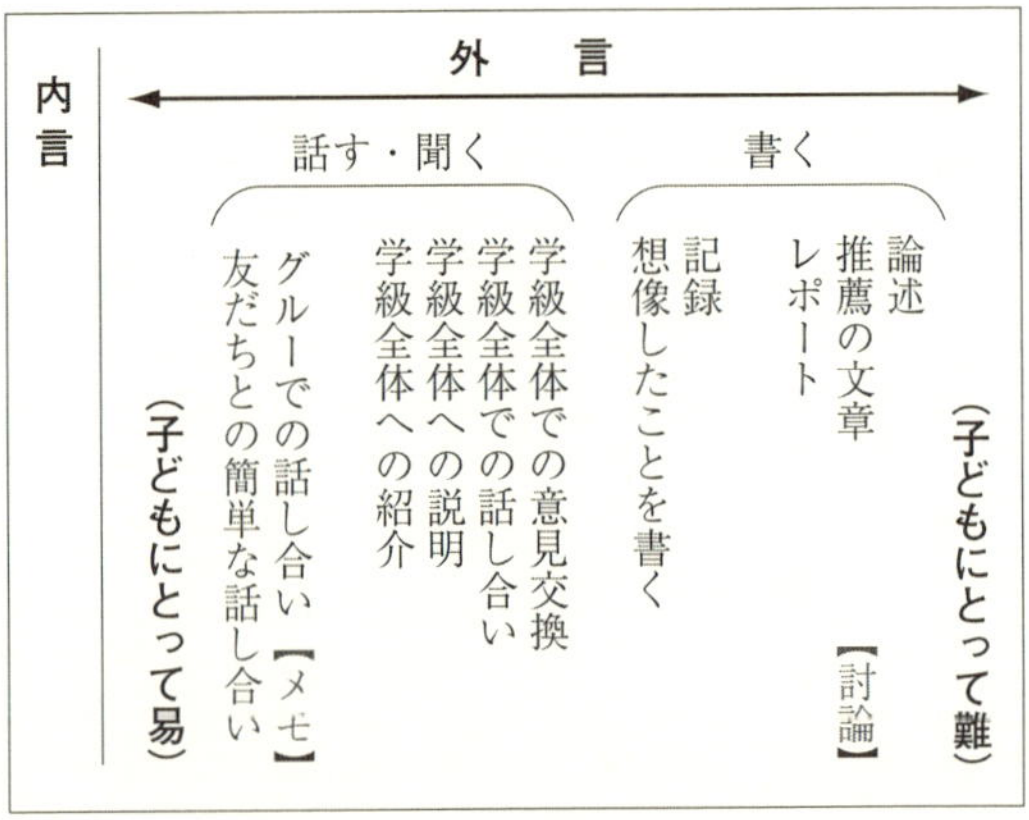

　書く活動は、それに比べてさらに難しくなる。目の前にいない不特定の相手の誰でもがわかるように説明したり記録したり論述したりという活動は難しい。前提となる知識はつかみにくいし、理解力も読み手によって様々

である。かなり周到な再構成が求められる。

これらを意識すると、それぞれの段階に適した言語活動が見えてくる。だから、たとえばはじめから「発言内容をきちんとノートにまとめてからグループで話しなさい」と言われても子どもはそこで固まってしまう。はじめは書かせるにしても断片的メモ程度がよい。

ただし「書く活動」と「話す活動」で逆転する部分もある。書く活動でも、「メモ」などは比較的易しい。メモは自分のためのものであり、単語や記号だけでも成立する。自分がわかればよいのだから省略もできる。だから話す活動としての説明などよりも易しい。逆に「討論」などの話す活動は、相手の主張の論理の整理と、それへの反論といった要素を含むために、簡単な書く活動よりも難しい要素が含まれる。その意味では、グループでの話し合いでも、そこに質の高い討論的要素が入ってくる段階では、内言からは遠くなってくる。

そういったオーダーを意識しつつ、学習内容、子どもたちの発達段階、学習到達度、学習集団の習熟度等によって「言語活動」を取捨選択することで、授業の質が上がる。もちろん多くの子どもたちの学力保障につながる。

注

(1) 文部科学省『小学校学習指導要領』「総則」二〇〇八年
(2) 前掲書1「国語」「読むこと」分野
(3) 文部科学省『小学校学習指導要領解説・国語編』二〇〇八年
(4) 中央教育審議会答申「幼稚園、小学校、中学校、高等学校及び特別支援学校の学習指導要領等の改善について」二〇〇八年
(5) 国立教育政策研究所編『生きるための知識と技能―OECD 生徒の学習到達度調査（PISA）二〇〇〇年報告書』二〇〇二年、ぎょうせい、223～234頁
(6) 前掲書5、67～72頁
(7) 時枝誠記「国語教育に於ける古典教材の意義について」『国文学』一九四八年、至文堂
(8) 時枝誠記「国語教育と文学教育」文学教育研究会編『国語科文学教育の方法』一九五二年、教育書林
(9) 阿部昇『文章吟味力を鍛える―教科書・メディア・総合の吟味』二〇〇三年、明治図書、140～165頁で詳述している。
(10) レフ・セミョノヴィチ・ヴィゴツキー（柴田義松訳）『新訳版・思考と言語』二〇〇〇年、新読書社（原著は一九三四年）の第七章・354～434頁

【問題提起】

2　言語能力を高める言語活動の具体化

井上一郎（京都女子大学）

言語活動の充実を図る取組は、研修テーマとはなっていても、実質的な成果を上げているとは言い難いのが現状だろう。教科書の改訂によって、言語活動の位置付けは行われたものの、実際の指導は旧来通りである場合も多い。国語科がそのような状況であるのだから、各教科等においては、なおさらである。まだまだ知識重視の学力観を克服できないでいる。このようなことが起こる要因の一つに、そもそも今なぜ言語活動を充実させるのか、学習指導要領においてその趣旨はどのように反映されているのかなどについて、理解が不十分だということがあげられよう。改革を進めるときには、提言された原点に立ち返って現在の取組が妥当であるのかをたえず問い直すことが重要だ。問い直しを怠ると、誤解、歪曲、曲解の陳列棚に並ぶ言語活動を買うことにもなるのである。

本稿では、国語科全体の授業改革を目指した提言が求められている。平成二〇年改訂において、言語活動の充実を求めた最も重要な点は、言語能力をいかに高め、確実に定着させるかということであった。学習指導要領総則には、「言語に関する能力の育成を図る上で必要な言語環境を整え、児童の言語活動を充実する」（「第4　指導計画の作成等に当たって配慮すべき事項」）とある。以下に、その趣旨に沿って具体化に向けたいくつかの考えをあげ、論述していく。

1　学習能力を高める言語活動

言語活動の充実は、児童・生徒の学習能力の育成と深く関わっている。例えば、学校教育法は、「生涯にわたり学習する基盤が培われるよう、基礎的な知識及び技能を習得させるとともに、これらを活用して課題を解決するために必要な思考力、判断力、表現力その他の能力をはぐくみ、主体的に学習に取り組む態度を養うことに、特に意を用いなければならない。」（第三〇条）と明示している。自ら課題を解決する能力として、言語活動を具現する能力を求めているのであって、知識・技能の習得の充実だけを求めたものではない。

義務教育段階においてのみならず、昨年まとめられた「予測困難な時代において生涯学び続け、主体的に考える力を育成する大学へ（審議まとめ）」（中央教育審議会大学分科会、二〇一二年三月二六日）においては、「アクティブ・ラーニング」の重要性を指摘している。「思考力や表現力を引き出し、その知性を鍛え、課題の発見や具体化からその解決へと向かう力の基礎を身につけることを目指す能動的な授業を中心とした教育が保証されるよう、質的に転換する必要がある。」ここで言う「能動的な授業」すなわち、「アクティブ・ラーニング」とは、次のようなものである。

> 教員による一方向的な講義形式の教育とは異なり、学習者の能動的な学習への参加を取り入れた教授・学習法の総称。学習者が能動的に学ぶことによって、後で学んだ情報を思い出しやすい、あるいは異なる文脈でもその情報を使いこなしやすいという理由から用いられる。発見学習、問題解決学習、体験学習、調査学習等が含まれるが、教室内でのグループ・ディスカッション、ディベート、グループ・ワーク等を行うことでも取り入れられる。

同様な考え方をＰＩＳＡにおいても見ることができる。国際的な学力調査であるＰＩＳＡを推進しているＯＥＣＤ事務総長であるアンドレアス・シュライヒャー氏は、これからの学力は、次のようなものが求められるとしている（「国際社会が求めるこれからの人材と教育」『初等教育資料』平成二五年四月一五日）。まず、ＯＥＣＤのキーコンピテンシーを再確認する。

①　相互作用的に道具を用いる。（言葉、技術等）
②　異質な手段で交流する。
③　自立的に活動する。

これらには、今求められている言語活動によって高めるべき言語能力とは何かが既に示唆されている。しかも、今後は、これらに加え、次のようなことが一層重視されるという。

■イノベーション創造に必要な個人スキル
①内容の習得と手法の習得
②行動的・社会的スキル（自信、行動力、忍耐力等）
③思考力と創造性（批判的、関連付け、想像力等）
■イノベーション創造に必要不可欠の非主題ベースのスキル
①解決策を見いだす
②アイデアに疑問を呈する意欲
③人にアイデアを発表する
④チャンスに敏感である
⑤活動を準備・調整する
⑥分析的思考
⑦新しい知識の習得
⑧他者の能力を運用する
⑨ミスからの考えを明確にする
⑩専門分野の修得

国語科で言語活動を行うのは、今改訂で言語活動例を「指導内容」に位置付けた趣旨から考えても当然だ。他教科等においても、各教科等の基盤としての学習能力＝ラーニングスキルを定着させるような授業を展開する必要があるのだ。整理すれば、次のような能力を高める言語活動の構想を図る改善を行わなければならない。

A　学ぶことを学ぶ―自主的学習力
　各教科等に応じて自ら課題を設定し解決する方法と、日常的な学習習慣を身に付ける。
B　考えることを学ぶ―自立的思考力
　結論や解決を得るために自立して追究し判断する思考と、興味をもって深く思考することを身に付ける。
C　言葉を学ぶ―自己読解力と自己表現力
　多様な表現様式の言語表現とそれらのプロセスに応じ、自分の独自性において読解したり表現したりする個別的・個性的な言語能力を身に付ける。

2　各単元を系統化し、言語能力の定着を図る言語活動

言語活動は、言語能力を高めるものである。したがって、言語能力をどのように考えるかが重要となってくる。

しかし、実際の授業を見ると、言語活動する場面があっても、言語能力を高めていくようになっていないこともしばしばだ。例えば、言語能力として、読書力を考える

と、次のようなことが例として挙げられる。ＰＩＳＡ調査において、二〇〇〇年から二〇〇三年にかけて読解リテラシーが低下したときに、その原因を探り、読解力を向上させるためにはどのような言語能力と読書活動が必要であるかを提言した。

(1) 目的に応じた解釈力の育成
(2) 関連付けて解釈する能力の育成
(3) 実用的・現実的な場面で活用する能力の育成
(4) 条件に対応した読むことの能力の育成
(5) 多様なテキストに即応した読む能力の育成
(6) 評価しながら読む能力の育成
(7) 自分の感じたことや考えたことを簡潔に記述する能力の育成

（『読解力を伸ばす読書活動―カリキュラム作りと授業作り―』明治図書、二〇〇五年）

このような読書活動を単元の中核に据えた構想をすることが、国語科の授業を改革することになる。

特に重要なのは、言語活動を貫く多様なテキストの様式を確定し、系統化する必要があることだ。学習指導要領に示した言語活動例を参考に教科書は編集されている。その基になる系統表を確定し、各単元での指導目標を明確にするのに役立てると効果的だ。ここでは、今触れた読書活動のための文章様式の系統表を例示しておきたい。

読書活動をするための各ステージの系統化

小学校

第１ステージ
(1)本や文章を楽しみ、創造を広げる。
(2)物語の読み聞かせを聞いたり、演じたりする。
(3)事物を説明した本や文章を読む。
(4)物語や科学読物を読んで、感想を書く。
(5)本を読んで好きなところを紹介する。

昔話や神話・伝承などの本や文章の読み聞かせを聞いたり、発表し合ったりする。

第２ステージ
(1)物語や詩の感想を交流する。
(2)記録や報告の文章、図鑑や事典などを読んで利用する。
(3)記録や報告の文章を読んでまとめたものを読み合う。
(4)紹介したい本を取り上げて説明する。
(5)内容に関連した他の本や文章などを読む。

易しい文語調の短歌や俳句について、情景やリズムに注意しながら、音読や暗唱をする。

第３ステージ
(1)伝記を読み、自分の生き方について考える。
(2)意見文や解説文などを利用する。
(3)編集の仕方や記事の書き方に注意して新聞を読む。
(4)本を読んで推薦の文章を書く。

古文や漢文、近代以降の文語調の文章について、内容の大体を知り、音読する。

古典について解説した文章を読み、昔の人のものの見方や感じ方を知る。

紙数の関係で小学校のみ例示する。

3　各教科等に生きる・生かす言語活動

言語活動の充実は、「国語力、読解力、言語力」等で呼ばれてきた課題を具現するために新学習指導要領で継承したものである。その特質は、各教科等を通して言語能力を育成することにある。ところが、各教科等ではなかなか進まない。進まない理由になっていると思われる気になる発言がある。一つは、「言語活動は、各教科等の学習活動の道具として大事ですね」という発言である。これは、言語機能を単純化した古い見方である言語道具説のような考え方である。単なる道具ではなく、認識や思考を支え、想像力・創造力の源でもある。人間にとって最も根源的なものが言語能力である。また、一つは、「言語活動の充実が叫ばれているので、時々行えばよいですね」というものである。言語活動によって育成される言語能力は、各教科等の基礎・基本の能力の一部として包含されているものである。したがって「時々」やるものではない。

では、各教科等の言語活動は、どのように具体化し、関連付ければよいのか。次のような手順が必要だと考えられる。

① 各教科等の言語活動を抽出し、一覧にする。
② 各教科等で共通する言語活動を整理し、共通点を明確にして関連付けるようにする。
③ 共通点も踏まえながら、各教科等の特質に応じた言語活動を行うようにする。

国語科は、「実生活で生きてはたらき、各教科等の学習の基本ともなる国語の能力を身に付ける」（学習指導要領の改善の基本方針から）ような言語活動を構想する立場にある。

実際にやってみよう。各教科等での言語活動を中学校の学習指導要領に求めると、次のような言語活動が浮かび上がってくる。（一部を示す）

国語	○発表をする　スピーチをする　意見を述べる　質問をする　説明をする　報告をする　紹介をする　司会や提案者を立てて討論をする　進行の仕方を工夫し、課題の解決に向けて互いの考えを生かし合う　鑑賞文・批評文を書く　本や文章などから必要な情報を集め、目的に応じて

	必要な情報を読み取る　文章と図表などとの関連を考える　説明や記録の文章を読む　論説や報道などの情報を比較して読む　課題に沿って本を読み、必要に応じて引用して紹介する　説明や評論などの文章を読む　新聞やインターネット、学校図書館等の施設などを活用し情報を比較する
社会	特色や課題をとらえる　比較し関連付けて考察する　調査など具体的な活動を通して考える　地様々な資料を適切に選択・活用したりする　理的なまとめ方や発表の方法の基礎を身に付ける　自分の解釈を加えて論述したり、意見交換したりする　代表的な事例を取り上げてその特色を考える　習得した知識を活用して社会的事象について考えたことを説明したり、自分の意見をまとめたりする　観察や調査などの過程と結果を整理し報告書にまとめる
数学	事象を数理的に考察し表現する　観察、操作や実験などの活動をする　具体的な事象を調べる　変化や対応を調べる　自分なりに説明し伝え合う活動をする　既習の数学を基にして、数や図形の性質などを見いだし、発展させる　日常生活や社会で数学を利用する数学的な表現を用いて、根拠を明らかにし筋道立てて説明し伝え合う
理科	問題を見いだし意欲的に探究する活動を通して、規則性を発見したり課題を解決したりする　多様性や規則性を発見したり課題を解決したりする　基本的な特徴を見いだす　問題を見いだし観察、実験を計画する　実験の結果を分析し解釈する　科学的な概念を使用して考えたり説明したりする

これらを見ると、各教科等において、「説明」「観察」「考察」「調査」「課題解決」「表現」など中心となる言語活動に共通事項が多いことが分かる。共通なものを取り上げ、各教科等で協議し、指導内容を明確にしつつ、また同時に各教科等の特徴を加味して具体化する取組が必要となるのである。

4　年間指導計画で生かす言語活動

年間指導計画において言語活動を明確に位置付け、系統性から見て相互関連が付くように十分配慮する必要がある。次のことを重視したい。

(1) 各学年の中核となる言語活動を、各教科等との関連付けや国語科での系統性を考慮して決定する。
(2) 各学年でどの時期に位置付けるのかを決定する。
(3) 各学年で同一の言語活動を何回繰り返すのか決定する
(4) 指導しながら、児童生徒がどのように定着しているのかを評価し、年間指導計画を修正する。

重要なのは、いつ出合わせ、いつ繰り返し、定着を評価しながらいつ修正するのかを構想することである。実例を挙げよう。

国語科では、今改訂において「本や文章を読む」ことを求めており、年間指導計画に読書活動を位置付けることが必須だ。しかし、現況は、相変わらず教科書に収録された文章(作品)だけを取り上げて読解している傾向が見られる。そこで、言語活動の一つである読書活動を各教科等及び、国語科で具体化するとよい。

【各教科等での読書活動】
① 学習への契機をもつために読む
② 課題・問題発見のために読む
③ 調査・研究のために読む
④ 説明・解説のために読む
⑤ 感想・意見を述べるために読む
⑥ 論説・評論を述べるために読む
⑦ 批評・鑑賞をまとめるために読む
⑧ 文化・芸術を楽しんだり鑑賞する
⑨ 体験と資料とを結び付けて自分の考えをまとめる

このような読書活動を国語科や他教科等で年間指導計画に位置付けたい。また、国語科では、読書活動の中核となる本の取り上げ方と読書プログラムをさらに具体化する必要がある。

① 文章の原作・原本(底本)を読む
② 中核となるテキストを通して読み、本の読み方を知る
③ 文章と同様の構造を本から見つけ、比較・対照して読む
④ 文章が収録されている本の他の章節や部分を読む
⑤ 課題を追究するために、複数の本を読む
⑥ 重ね読みを通して、本の特徴や読み方を知る
⑦ 重ね読みを通して、文章様式の特徴をまとめる
⑧ 同一著者の本を読む
⑨ 同一のテーマや素材の本を読む

⑩ 分読や再読をしたりして、同一の本を繰り返し読む
⑪ 他の著者の同一のテーマや素材の本を読む
⑫ 同一ジャンルの本を読む
⑨ シリーズを読む
⑭ 辞典・事典、図鑑・絵図・図解、年鑑、索引、語彙集・表現集、写真集を読む
⑮ 記録、報告書、案内書、解説書、評論・批評・研究書等の参考文献を読む
⑯ 新聞、雑誌、広告等を読む

年間指導計画では、各学年の系統性を考慮しながら、総合的に考えて、位置付けるようにすることが重要だ。なお、これらを支援するために、学校図書館の活用は欠かせない。そこで、現在、「学校図書館改造プロジェクト」を構想し、各地での実践と成果を基に研究書を刊行する準備を進めている。具体的には、全国から3校を選び、指定校として集中的に実践を進めてきた。数年間の取り組みによって、利用率の向上、読書量の増大、学力の向上などの成果が得られているところである。

言語活動の充実は、いろいろな側面から議論が可能である。紙数の関連で国語科の指導内容全体にわたる提言や事例をお見せできないが、本稿が少しでも具体化を考えるきっかけになってくれればと願うものである。

Ⅰ 若い教師のための「言語活動」を生かした国語の授業・徹底入門

【「言語活動」を生かした物語・小説の授業・徹底入門】

3 「言語活動」を生かして物語・小説の「構造」「クライマックス」を読む力を育てる授業

――「モチモチの木」（小3）のクライマックスから構造が見えてくる

臺野　芳孝（千葉県千葉市立海浜打瀬小学校）

1 「構造よみ」と「クライマックス」

「構造よみ」は、物語・小説の全体を俯瞰するための一番目の読みの過程である。従来の「あらすじをつかむ」「場面をわける」等の学習段階であるとともに、その後の読みの方向性を決めるための大切な過程でもある。

物語・小説の構造を意識しないで読むこともできる。細かい描写などにこだわりながら少しずつ読み進めることも学習としては成立するであろう。しかし、そのような指導では膨大な時間がかかってしまうし、なにより部分と全体のダイナミックな関係が把握しにくい。構成やクライマックスに着目しながら作品の筋の大きな流れをつかみ、それにもとづいてポイントとなる部分に着目しながら読む方が、限られた時間の中で子どもたちに読む

【「モチモチの木」構造表】
（（　）内は低学年用「おはなしの山」）

導入部（前話）
○冒頭（はじまり）おくびょう豆太／全く、豆太ほど―
○発端（おこり）霜月二十日のばん／そのモチモチの木に、今夜は―

事件
展開部（広がり）
○山場の始まり（お山の始まり）豆太は見た／豆太は、真夜中に―
山場（お山）
◎クライマックス（クライマックス）「豆太は～灯がついている。」
○結末（むすび）―いそがしかったからな。

終結部（後話）
○結末（おわり）―起こしたとさ。

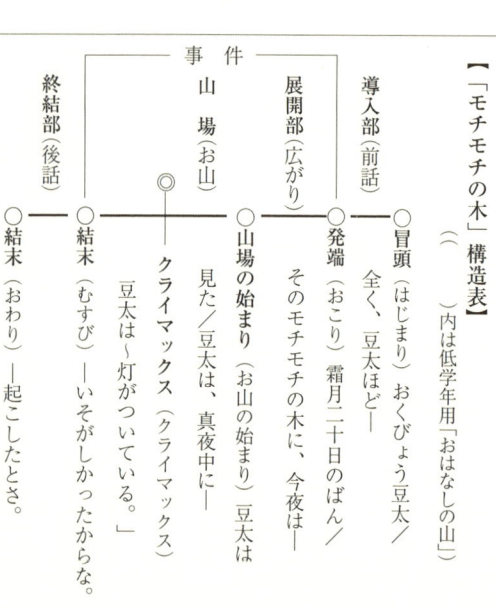

力が確実に身についていく。

「構造よみ」では、「構造表」を手がかりに作品を読み進めていく。まずは導入部が終わり、事件がいよいよ動き始める「発端」に着目する。そのことで作品の大きな枠組み＝構成が見えてくる。構成には三部構成・四部構成などがあるが、「モチモチの木」は四部構成である。

その上でクライマックスに着目する。クライマックスは、事件の流れがそこで決定的となる部分であり、最も読者に強くアピールする書かれ方になっている部分である。だから、会話など濃密な描写性をもつことが多い。当然、作品の主題に深く変わる。クライマックスを探し求める過程で、様々な仕掛けが見えてくるが、何よりその作品では何に注目していったらいいかが見えてくる。つまり、作品のポイントとなる所が見えてくる。

2 「モチモチの木」の「クライマックス」を読む
―教材研究

「モチモチの木」は、斎藤隆介の作品で、光村図書の小学校3年・下の教科書に掲載されている。だいたい次のような内容である。

> 主人物の臆病豆太は、じさまと二人山で暮らしていた。豆太の住む家の前にはモチモチの木が生えている。霜月の二十日の晩に、勇気のある子どもは、モチモチの木に灯がともるのを見ることができるという。
> その晩の真夜中、じさまが病気になってしまう。豆太は、自分にはとてもだめだと思っていたが、豆太は泣きながら、暗くて寒くて怖い夜道を医者様を呼びにふもとまで走った。医者様と帰るとき、豆太はモチモチの木に灯がついているのを見る。体調のよくなったじさまは、豆太が山の神様の祭りを見たと豆太に教える。「人間は優しささえあれば、やらなきゃならないことはきっとやる」と。それでも豆太の臆病は治らなかった。

この作品のクライマックスは、次の部分である。

> 豆太は、小屋へ入るとき、もう一つふしぎなものを見た。「モチモチの木に、灯がついている。」（106頁13行～）

題名でもあるモチモチの木にいよいよ灯がともる。その変化もドラマチックで美しい。絵本では、見開き二ページをこの一文に使っている。

クライマックスの候補を子どもたちに探させると、「医者様を呼ばなくちゃ。」（105頁4行）と豆太が夜道を走りだすところや、「おまえは、山の神様の祭りを見たんだ。～は、は、は。」（107頁12行）というじさまの言葉などが候補に上がる。

「医者様を…」の箇所は、臆病な豆太が夜道に出るという行動を始めたところで、豆太に大きな変化が起きたところであるという理由を子どもは挙げる。しかし、事件は解決していない。じさまの容体は？豆太は医者様を呼べたのか？まだまだ、先がありそうな書かれようである。

じさまの言葉については、すでに後話である。ただし、モチモチの木に灯がついていたことの意味付けを、じさまの言葉を借りて語り手が述べていることに注目することができる。クライマックスでないにしても、そこに注目することは重要である。

クライマックスでの大きな変化とは、いったい何なのだろうか。読者は、冷たい暗い夜道を走って医者様を呼びに行った豆太の勇気だとすぐにいうだろう。しかし、その後の豆太は臆病のままだ。モチモチの木に灯がついているのを見られるのは、「勇気のある子どもだけだ」とじさまは言う。クライマックス前の話者が語る勇気とは、「くまと組みうち」したおとうや、「胆を冷やすような岩から岩への飛び移り」するじさまを例に挙げている。つまり、勇気は他のものにできないような度胸があることだとしている。

それに対して、終結部では「やさしささえあれば、やらなきゃならねえことは、きっとやる」として、勇気は優しさにかかわるものだとしている。物語の中で、「勇気」の意味が、「度胸」から「優しさ」へと変化したのである。

「度胸があるからできる」のではなく「誰かのために泣きながらでも無我夢中で弱さを乗り越えていく姿こそ『勇気がある』ことなのだ」というテーマが見えてくる。

3 「モチモチの木」でどういう力をつけるか
―教科内容

物語の読みの授業では、教師が簡単に場面分けをし、子どもたちに提示してしまいがちである。しかし、この場面分けは、物語の流れをつかむ、大切な読みの過程である。ただし、あてどない場面分けでは子どもたちに力はつかない。「導入部―展開部―山場―終結部」といった典型構成を手がかりに作品を俯瞰していくことで、他の作品にも応用できる読みの力となる。

クライマックスには、それまでの物語の伏線や仕掛けが明らかになる。まだまだ幼い豆太、夜が怖い豆太、夜中は一人でしょんべんにもいけない豆太、臆病な豆太の性格が、導入でくり返しくり返し書かれている。また、じさまと二人っきりで山で暮らす豆太、おとうもじさまも度胸のある猟師であること、じさまがくまのような唸り声を出して腹痛で苦しんでいる様子。まずは、設定としての人物形象の中でも核となる部分に着目し読み深める力である。事件が展開し始め、もしじさまが死んでしまえば山の中で独りぼっちになってしまうと豆太は恐怖を感じる。恐れと心配との板挟みになる。しかし、それを突き抜けて走り出す。事件の発展そして人物の発展の箇所に着目し読み深める力である。それらの「設定」「事件の発展」などは、クライマックスがわかると、より鮮やかに見えてくる。

さらに付けたいのは、モチモチの木という物言わぬ存在の象徴性に気付く力である。じさまの子どものころから、おとう、豆太の生活や成長を見守ってきた木である。勇気のある子どもにだけ灯がついているのを見せるという設定も、神秘的な設定であり、山の神様の祭り、つまり祝福である。それを見ることで、山で暮らす勇気を認められることなのである。この作品のクライマックスにも深く関わる重要なモチモチの木だが、そこには象徴性がある。

もう一つ付けたい力は、「霜月二十日の晩」という時の設定を読む力である。十一月の山は、冬の始まりのころである。二十日の月は、満月を過ぎた月であり、夜更けに昇る月である。豆太が走りだしたころはまだ月の見える時刻ではなかったかもしれない。真っ暗で、霜が降り、雪が降る寒さの中を、豆太はじさまが死んでしまうかもしれないという恐怖に駆られて医者様のいるふもとまで、泣きながら走って行く。この設定の仕掛けとしての意味をしっかりと読んでおくことで、クライマックスはより劇的になる。

4 「言語活動」を生かして「モチモチの木」の「構造」を読む―授業展開

ここでは、次のような七つの指導過程を設定した。

1次　表層の読み（1時間目）
⑴教師の範読／⑵第一次感想の発表／⑶音読／⑷難語句の意味／⑸新出漢字

2次　構造よみ（2～3時間目）
1「冒頭」「末尾」の確認と「発端」の決定／
2「クライマックス」と「山場」の決定（本時）

3次　形象よみ・その1―導入部（4時間目）
「時・場・人物・事件設定」を読む

4次　形象よみ・その2―展開部（5時間目）
モチモチの木に灯がともる理由を読む

5次　形象よみ・その3―山場のクライマックスの読み深め（6時間目）
豆太・医者様・語り手の視点から読む

6次　形象よみ・その2―終結部（7時間目）
じさまの視点とその後の豆太を読む

7次　吟味よみ―まとめ（8時間目）
⑴第二次感想の交流／⑵「勇気」の意味を考える

本稿では、2次「構造よみ」の「『クライマックス』と『山場』の決定」の過程を紹介する。

「モチモチの木に、灯がついている」ということを、豆太と医者様の視点から述べている。さらに、語り手と、後話でのじさまの語り、物語に小見出しをつけた作者の視点も加え、複眼的に状況を考えることが大切である。

まずは、豆太・語り手の視点で「もう一つふしぎなもの」と語られている。「月が出ているのに降る雪」と「もう一つ」である。喜びや感動ではなくふしぎだった。「モチモチの木に、」と、ここでいつもの様子でないことを感じとった豆太。「灯がついている」と、じさまに聞いた話を思い出したのであろう。「これなのかな」と思っている程度である。はっきりとした自覚がない。見ていた時間もほんのわずかだ。

一方、医者様は、豆太と同じものを見るが、とちの木と月と星と雪の気象現象であるように説明している。山で暮らしていないこと、科学的な視点を持った医者という職業から、冷めた見方である。

「モチモチの木に、灯がついている」ことを後で意味づけたのはじさまである。じさまは、それを「山の神様の祭り」といい、勇気のある子どもだけが見られるものであるという。じさまとおとうのきもすけぶり（度胸）ではなく、やさしさがあることで、豆太も勇気があり、今の臆病など乗り越えられ、山で暮らせる立派な大人になるだろうと考えている。

5　「言語活動」を生かした授業展開例
―意見の違いを意識しながら話し合いを進める

3年生教材であるが、6年生で授業を行ったみた。

二〇一三年五月一〇日（金）6時限目
千葉県千葉市立海浜打瀬小学校
六年四組（男子17名・女子14名、計31名）
授業者　臺野　芳孝

教師①　「モチモチの木」のクライマックスを探します。クライマックス、例えば「スイミー」ではどこ？
子ども　「ぼくが目になろう」
教師②　「大きなかぶ」では？
子ども　やっとかぶは、ぬけました。
教師③　そうですね。事件が解決したところ、一番盛り上がったところでしたね。

クライマックスの指標については、こういうところですと定義のようなものを提示するのではなく、過去の読解の経験をもとに、類推するように提示することが、話し合いの混乱を少なくすることであると考えている。

教師④　では、「モチモチの木」のクライマックスはどこでしょうか。個人でよく読んで3カ所くらい候補を探しましょう。
子ども　候補が一つしか見つからないときはどうしますか。
教師⑤　一つでもいいです。理由を考えておいてね。

ここで、机間指導をしながら、理由を聞いて回る。

教師⑥　それでは、グループごとに意見をまとめます。意見がまとまったら、黒板に何ページの何行目「書き出し」を書いてください。では、始め。

黒板に「〇班　P〇、L〇、書き出し」と書き、出来上がった班から黒板に書かせる。

子ども　69ページの11行目「医者様を呼ばなくちゃ。」です。（A案）
子ども　72ページの1行目「モチモチの木に、灯がついている」（B案）
子ども　ぼくたちのグループは。73ページの4行目「おまえは、山の神様の祭りを見たんだ。……」です。

（C案）

教師⑦　三つの意見に分かれましたね。では、出てくる順にA案B案C案とします。賛成か、反対か、立場をはっきりさせて発言してください。クライマックスと決めるには、大きな変化があるところ、事件が解決するところです。まず、一番違うなと思うものを決めましょう。作戦会議を三分間取ります。グループごとに話し合いましょう。

三分間で机間指導をする。討論は二者択一の方がよりよい。C案は豆太が見たことの意味を確定しているが、これは、じいさまが治ってからのことなので「後話」と考えるのが妥当である。A案とB案での討論をしていく。

教師⑧　三分間たちました。では、意見を聞きます。まず、一番違うなと思うものを決めましょう。ABCのどれが違いますか。

子ども　1班はC案に反対です。じさまの病気が治って事件が解決しているからです。

子ども　ぼくたちはA案に反対です。まだ豆太の勇気より泣き泣き走っている印象が強いです。

子ども　わたしたちもC案に反対です。山場は夜道を走っている豆太のところで、緊張感があるからです。

子ども　C案だともう後話って感じがします。

子ども　最後の場面は時間がたっていて、後話なのでB案の方がいいと思います。

教師⑨　事件は解決した後だということでC案は、クライマックスではないということでいいですか。では、A案とB案で考えていきましょう。意見をどうぞ。

子ども　4班はA案に賛成です。臆病な豆太が夜道をかけだしたので豆太が勇気を出したからです。

子ども　2班はA案に反対です。まだ、山場が始まったばかりというか、まだ、豆太のピンチが続いているから、事件が解決していないと思います。

（賛成の声多数）

子ども　でも、豆太にとっては暗くて冷たい夜道をたった一人で医者様を呼びに行ったのだから、今までとは違う大きな変化といえると思います。

子ども　暗い怖い道を走って、医者様を連れて来ることができたから、豆太も勇気があって、だから「モチモチの木に灯がついている」のを見ることができたと思います。

子ども　賛成、それまでの臆病な豆太とは違うからです。

教師⑩　では、どの言葉から豆太の勇気がよめますか？

> 教科書に戻し、必要な根拠を探して発言するように促すことで、読みの授業の討論となる。

子ども　「小犬みたいに体を丸めて、表戸をふっとばして走りだした」（105頁5行）です。

子ども　勢いは感じるけど、勇気は感じないです。

子ども　「ねまきのまんま。はだしで。半道もあるふもとの村まで―」はどうですか？

子ども　あわてていたことはわかるけど、ちがうでしょ。

子ども　「医者様をよばなくっちゃ」（105頁4行）から、豆太が夜なのに外に出ようとするところが勇気だと思います。

教師⑪　じゃあ、A案でいいですか。

子ども　B案に賛成です。題名から、灯がついたところでいいと思います。

子ども　B案は、魔法がかかっているというか、不思議なことが起こっていて、物語の一番いい場面だと思うから、B案でいいと思います。

教師⑫　もう少し前に書かれている事とつなげて考えてみるといいね。モチモチの木に灯がついているのを見ることは、豆太にはどうだったの？

> クライマックスの決定は、全体を俯瞰する視点を持たせて考えさせたい。

子ども　「とってもだめだ―」無理。

教師⑬　でも豆太は見たんだよね。

子ども　だから、豆太も勇気がある子どもだとわかった。

教師⑭　クライマックスはB案でいいですか。でも豆太が勇気ある子に変わったわけでもないようです。じゃあ、何が変わったんでしょう。豆太が勇気ある子どもになったとは言えないとすると。

> クライマックスを決定することで、クライマックスでの大きな変化とは何だろうかという問いがわいてくる。豆太の臆病さ、勇気があるとはどういうことか、等を注意深く読んでいくことになる。

【「言語活動」を生かした物語・小説の授業・徹底入門】

4　「言語活動」を生かして物語・小説の「事件展開」「登場人物」を読む力を育てる授業
——「カレーライス」（小6）の「事件」と「人物」を読み広げる

永橋　和行（京都府・立命館小学校）

1　物語・小説の「事件」「人物」とは何か

テレビゲームの遊び方をめぐりお父さんとけんかをしてしまった「ぼく」が、なかなか仲直りすることができずにいる。そんな中お父さんは、自分が家事をする「お父さんウィーク」の最中に風邪を引いてしまう。「ぼく」がお父さんといっしょにカレーライスを作ってあげることをきっかけにして、二人が仲直りをしていく。

「カレーライス」（重松清）（光村図書『国語六』）の「あらすじ」は右のとおりだが、それはストーリーをまとめただけである。大切なのは、作品のストーリーを追いかけていくことではなく、作品全体を貫いているプロットを読み取ることである。プロットとは「ストーリーを素材として取捨選択され連関させられ仕組まれ形象化された作品そのもの」（阿部昇[1]）である。そこには、作品の仕掛けも含まれる。そして「事件の発展」や「登場人物」の変容も含まれる。それらが、どのように変化、発展していくのかというプロットを読み取ることで作品の本当の面白さ、そしてテーマが見えてくる。

その中でも登場人物の見方の変化、登場人物の相互関係の変化への注目は読みの大きなポイントとなる。そして、それにより作り出される「事件の発展」が重要な意味をもつ。「事件の発展」とは事件展開の中でも、特に大きな展開が生まれている部分である。

「登場人物」を読み取る際にその性格を読み取ることも大切である。しかし、実際に人物が引き起こす、また人物相互が生み出す事件性にこそ、着目する必要がある。

2 「カレーライス」の「事件」とは何か

「事件の発展」に着目するためには、作品の「事件」とは何かを明らかにする必要がある。あらすじ的な意味でのストーリーのことではない。プロットしての「事件」である。「カレーライス」の「事件」とは何であろうか。

お父さんとけんかをしてしまった「ぼく」が、最後にカレーライスを一緒に作ることによって仲直りをするというレベルだとストーリーである。いつまでも子ども扱いされたくないという、思春期の入り口に近づいた「ぼく」の心の葛藤。そして、お父さんとの関係性を構築し直す中で、お父さんに対する見方を発見していくと同時に、自分自身をも発見していく。

「カレーライス」は大人に近づこうとしているぼくの心の葛藤こそが「事件」なのである。その葛藤は、主要にはお父さんに対する「ぼく」の見方の変化によって成り立っている。だとすればこの作品は、「ぼく」のお父さんに対する見方の変化が、明確に見える箇所こそが、「事件の発展」の箇所ということになる。

一方で、お父さんの「ぼく」に対する見方の変化も、「事件」を形成している。一人称の物語である以上、一人称「ぼく」がその中心であることは間違いないが、お父さんの変化も「事件」の一部ではある。そこまで踏み込めば、お父さんと「ぼく」がお互いに相手のことをどう思っているのか、どういう見方をしているのかが分かるところ、つまりお互いの見方(相互関係)が変化しているところも「事件の発展」の一つとして捉えてもよい。

「事件の発展」の箇所を適確に指摘できること自体が、国語の力として重要な意味をもつ。

3 クライマックスを読み取る

「事件の発展」への着目は、子どもにはかなりハードルが高い。そこで、まずは構造よみ(作品の構成・構造を読む過程)で、クライマックスを見つけ、それとの関係で「事件」を予測し、「事件の発展」に着目するという方法が有効である。(2)

「事件」は、クライマックスに向かって進行・展開する。そして様々に仕掛けられている場合が多い。だからクライマックスという最も大きく事件が変化する部分を強く意識し、その発展過程を振り返ることで、それに向かって事件が大きく展開していく部分、つまり「事件の発展」をより容易に発見できるようになる。

「カレーライス」のクライマックスが見つかると、この作品の「事件」は「ぼく」のお父さんに対する見方の変化から成立していることが見えてくる。また、お父さんの「ぼく」に対する見方も次いで重要なことも見えてくる。それを指標に「事件の発展」に着目させていく。

そこに線を引かせることが多いので、この学習過程を「線引き」などと言うことがある。複数箇所の「事件の発展」を確認してから、その箇所の形象を丁寧に読み深めている指導と、「事件の発展」に線を引きつつ読み深めている指導とがある。

4 「カレーライス」の作品の構造

「カレーライス」の構成・構造は下段のとおりである。

この作品のクライマックスは、「『じゃあ、いただきまあす。』／口を大きく開けてカレーをほお張った。」である。

ここで「ぼく」は、お父さんに対するこだわりから解放される。お父さんは、その直前ですでに「ごきげん」になっている。その意味では、お父さんと「ぼく」とが仲直りをしたからとも言えるが、重要なのは「ぼく」のお父さんに対する見方がここで決定的に変わったことが、はっきりすることである。それによって、「ぼく」は同時に少し「大人」にもなっている。ここでお互いの見方が決定的に変わった。新しい親子関係のスタートともいえるのである。

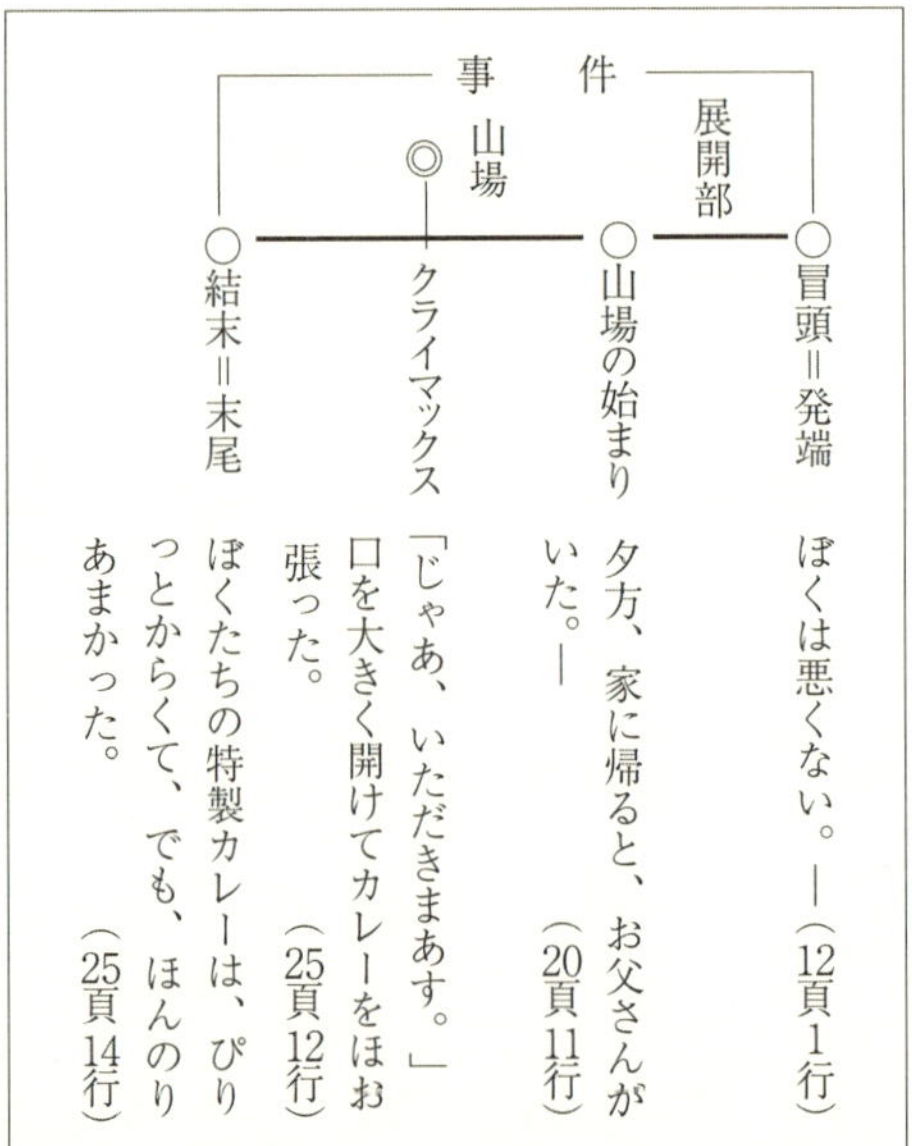

事件
展開部
山場
○冒頭＝発端
ぼくは悪くない。―（12頁1行）
○山場の始まり
夕方、家に帰ると、お父さんがいた。―（20頁11行）
◎クライマックス
「じゃあ、いただきまあす。」口を大きく開けてカレーをほお張った。（25頁12行）
○結末＝末尾
ぼくたちの特製カレーは、ぴりっとからくて、でも、ほんのりあまかった。（25頁14行）

5 「事件の発展」の読み取りをどう行うのか

クライマックスを見つけ、そこから「事件の発展」に着目していく。

「ぼく」のお父さんへの見方が変化するところ、「ぼく」のお父さんへの見方が顕在化するところ、そしてお父さんの「ぼく」に対する見方が変化するところ、そういうところをクライマックスとの関係から抽出していく。少しでもそれに関わるという点では、かなり多くの文が該当してしまう。そこで、特にそれがはっきりする文、特に変化が大きい文に絞らせることが大切である。ここでは、紙面の都合で山場から終わりにかけて、特にお父さんとひろしのお互いの見方が変化するところを五点に絞って示す。

①

> お父さんは、きょとんとしていた。でも、いちばんおどろいているのは、ぼく自身だ。（21頁7行～）

お父さんは事態が飲み込めていない。ひろしが料理ができることへの驚きと突然態度を変えた驚きの両方できょとんとしたのである。

一方ひろしも「『家で作ったご飯のほうが栄養あるから、かぜも治るから。』／なんて、全然言うつもりじゃなかったのに。」ともある。自分にも予測できない自分の言動である。展開部でも「自分でもこまってる。なんでだろう、と思ってる。」（17頁12行）という記述がある。また、この①の直前には「思わず、ぼくは答えていた。」がある。ひろしの中に自分でも認識できないもう一人の自分が生まれ始めていることが読める。自分で自分がわからない状態である。子どもが大人になる際によく起こる時のとまどい、人間が変わろうとしているときのとまどいである。

②

> 答えは、今度も、考えるより先に出た。／「カレー。」／「だって、おまえ、カレーって、ゆうべもおとといも――。」／「でもカレーなの。いいからカレーなの。／絶対にカレーなの」。（22頁1行～）

ひろしは、カレーという言葉を三回も繰り返す。どうしてもカレーを作りたいのである。しかも「中辛」カレーを作りたかったのである。そして自分はいつまでも子どもではないことを証明したかったのである。お父さんに分かってもらえるチャンスだと思ったのである。でも照れと興奮もあり、ほっぺたが急に熱くなってきた。

ここでも「考えるより先に」とある。さきほどの「いちばんおどろいているのは、ぼく自身」「思わず」などと対応している。

③ 「そうかあ、ひろしも『中辛』なのかあ、そうかそうか。」／と、うれしそうに何度もうなずくお父さんを見ていると、なんだかこっちまでうれしくなってきた。（23頁12行～）

ひろしに対する父の言葉で、象徴的な言葉である。お父さんもやっとここで自分の息子に対する見方が変化する。「そうか」という言葉を三回も言っている。つまりここでやっとひろしの成長に気づくのである。

またひろしもこの父の言葉で、自分のことを理解してくれたと満足し始める。今までのひろしの心の葛藤がここでかなり溶け始めている。ただし、まだ「なんだか」である。十分な意識化ではない。

④ 「じゃあ、いただきまあす。」／口を大きく開けてカレーをほお張った。（25頁12行～）

この作品のクライマックスである。これまでこだわり続けていた「ぼく」の気持ちがここで一気に解放される。それ以前の展開部では「カレー皿に顔をつっこむようにしてスプーンを動かして」（初日）（15頁7行）、「かたをすぼめて、カレーを食べる」（次の日）（17頁10行）というカレーの食べ方であった。それがここで大きく変わる。それは表層の心情レベルでなく、象徴的な意味をもつ。「ひろし」の子ども的なこだわりがここでふっきれる。お父さんは、それ以前から「ずっとごきげん」だから、ここで二人はお互いのことを分かり合うことになる。

「いただきます。」ではなく「いただきまあす。」である。「ごめんなさい。」は言えなかったけれど、二人で「中辛」カレーをほお張ったのである。「ぼく」のお父さんに対する見方の変容、「ぼく」の大きな成長が読める。

⑤ 「ぼくたちの特製カレーは、ぴりっとからくて、でもほんのりあまかった。」（25頁14行）

カレーの「中辛」と「甘口」に込められた意味である。気持ちのすれ違ったぼくとお父さんはこの「カレーライス」作りを通して二人の関係を作り直していく。その象徴が「中辛」と「甘口」である。

「中辛」は、「自分」とお父さんの関係が大人相互の関係に少し近づいたことの象徴である。そうは言っても、父親と子どもという関係も大事にしたい。「あまかった」はその象徴である。やっとここで、自分のことを理解してくれたという安心や納得の気持ちも込められているかもしれない。

6 「カレーライス」における「言語活動」

小学校学習指導要領「言語活動例」には、「感想を交流し、述べ合う」「対話や討論などを行う」などが示されている。クライマックスの決定や「事件の発展」を発見したり、それをみんなで読み深めたりする過程は、それ自体が重要な「言語活動」である。それらの読み取りをめぐって、グループによる話し合いや討論を取り入れることで、その「言語活動」は一層レベルアップする。

光村図書の学習指導書には実践例として、父の視点になってみて作品を一部書きなおしてみるという指導法が書かれている。この作品の話者は一人称の「ぼく」である。「ぼく」の見方や気持ちが直接描かれている。したがって父の視点でのリライトは、自分以外の視点に立って事件を見直してみるということで意味がある。

様々な「言語活動」があっていいが、大切なのはその活動を行うことによって、どのような言語の力を身につけることができるかということである。

7 「言語活動」を生かして物語・小説の「事件展開」「登場人物」を読む力を育てる授業実践例

永橋自身のこれまでの「カレーライス」の指導（二〇〇八年度～二〇一〇年度の授業実践）にもとづいて再構成した授業の過程を示す。山場（20頁11行～25頁14行）を取り上げた授業である。

教師① 山場で、ひろしの心情の変化が分かるところを見つけます。三つか四つの文に絞ってください。まず二分間一人で考えて、それからグループで四分。

（子どもは一人ひとり考えて「事件の発展」にあたる箇所を線引きする。教師は机間指導を行う。分からない子どもには、助言をする。グループにも助言をする。同時に子どもがどこに線引きをしているのかを把握しておき、次の授業の展開の仕方を考えておく。）

教師② 発表してください。

子ども（2班） 「何か作るよ。ぼく、作れるから。」と

「だいじょうぶ、作れるもん。」だと思います。ひろしはお父さんに謝ろうと思ってたけれど、きっかけがなくて、やっとその時が来たと読み取れると思います。

子ども（2班）　それに「思わず、ぼくは答えていた。」と書いてある。

教師③　それに近い場所を引いていた班があるよね。

子ども（5班）「でも、いちばんおどろいているのは、ぼく自身だ。」

子ども（5班）21頁の7行目です。

教師④　なぜそこを引いたの？

子ども（5班）「いちばんおどろいているのは、ぼく自身」って自分のことなのになんかへんです。

教師⑤　さっきの「思わず」「いちばんおどろいているのは、ぼく自身」、なんか似てるね。何が読める？

子ども（7班）　自分ではっきりわかってない。

子ども（1班）　自分でも不思議な感じ。

教師⑥　自分でよくわからない。そういう経験ある？

子ども　（口々に）ある。ある。

教師⑧　前に似た表現あったよね。

子ども（8班）「自分でもこまってる。なんでだろう、と思ってる。」

子ども（8班）17頁の終わりのところです。

教師⑨　よく覚えてる。見てみよう。似てる。すごいことに気づいてるかもしれない。でもこの時はまだ……。

子ども　けんか気味。

教師⑩　でも、今は？

子ども　けんか気味でなくなってきてる。

教師⑪　そのへんは後で読み直そう。他には？

子ども（6班）「うれしそうに何度もうなずくお父さんを見ていると、なんだかこっちまでうれしくなってきた。」というところでやっと、ひろしも変わったと思います。自分のことを分かってもらえて嬉しかった。

子ども（6班）　もう「甘口」でなく、「中辛」になって成長したことを認めてくれたという嬉しさもある。

教師⑫　何頁？

子ども（6班）23頁の終わり。

教師⑬　つまりここで、お父さんがひろしの成長に気づいてきてびっくりする一方で、ひろしもお父さんに分かってもらえて嬉しくなってきたというお互いの見方の変化を読み取ることができるね。そして、「ぼく」

の見方が決定的に変化するところはどこだっけ？

子ども（3班）　クライマックスの『じゃあ、いただきまあす。』口を大きく開けてカレーをほお張った。」です。ここでひろしは、すっきりした。

子ども　同じです。だから「いただきまあす。」と大きな口でほお張ることができたんだと思います。

教師⑭　「いただきます。」と「いただきまあす。」では、かなり違うって前に1班が言ってくれた。すっきりしたって言ってくれたけど、それまではどうだった？

（中略）

教師⑮　最後の、「ぼくたちの特製カレーは、ぴりっとからくて、でも、ほんのりあまかった。」というのはどういう意味だと思いますか。

子ども　自分のことを理解してくれないお父さんに対する不満が「ぴりっとからい」の中に込められている。

子ども　でも、「中辛」は大人を認めてくれたんだから、お父さんが認めてくれたことの意味だと思います。

教師⑯　二つ出たね。後でまた考えよう。「あまい」は？

子ども　やっとここで自分のことを理解してくれたという安心感と思います。

子ども　まだ子どもっぽさも残っているっていう意味。

教師⑰　今日は、ひろしの心情の変化がわかるところを見つけて、読み深めることができました。次の時間は作品のテーマについて考えてみたいと思います。

注

（1）阿部昇「プロットの転化としてクライマックスを捉え直す」読み研『研究紀要Ⅲ』二〇〇一年

（2）阿部昇「物語・小説の『鍵となる部分』を発見させるための授業づくりの方法」『国語授業の改革6』二〇〇六年、学文社

【「言語活動」を生かした物語・小説の授業・徹底入門】

5　「言語活動」を生かして物語・小説の「導入部の仕掛け」を読む力を育てる授業
――「少年の日の思い出」(中1)の「時」の仕掛けから人物を読む

竹田博雄（大阪府・高槻中学校高等学校）

1　より深みのある読解を可能とするために

物語・小説の読解には多くの方法が存在する。中でも「構造」を読み取らせることは、「誰が（何が）どうなった話なのか」というプロットの中心に一気に迫るものとなりとても有効である。しかし、それだけでは読解の過程としては不十分であり、その先に、より深みのある「読み」の過程が必要となる。それが「形象を読む」という過程――「形象よみ」である。

「形象よみ」とは、「書かれている一語一文を根拠に、書かれていない事柄を読み取ること」であり、より深く思考のエネルギーが作品へ向かって流れる読みの方法である。それは感想の述べ合いではない、子どもにとっても知的で面白い活動である。

「形象よみ」で、まずポイントとなるのは「どこに注目して読むのか」ということである。それには次のような観点がある。

(1)　導入部の「人物・時・場」などの設定
(2)　展開部・山場の「事件の発展」と「人物像の発展」
(3)　表現の技法

この中で、今回(1)の「設定」と(3)の「表現」に着目することで読めてくる形象について考えたい。それらに着目することで、物語・小説の読解がどのように深まるのかを「少年の日の思い出」（H・ヘッセ）を使って考えていく。

この作品は、客として訪ねてきた友人が、主である「私」に少年時の思い出話を語るという枠組みになっている。ここの表現と仕掛けについて読んでいく。

2 「少年の日の思い出」における「表現の技法」

物語・小説の導入部は宝の山である。その作品の事件展開・山場などにつながる様々な伏線的要素が仕掛けられているからである。導入部では次の四点に着目しながら読んでいくことが効果的である。

a 人物
b 時
c 場
d 事件設定

これらが読み取れる部分を見つけ、そこに隠されている仕掛けを読み解いていく。ここでは「時」に着目する。

「少年の日の思い出」の導入部ではどんな「時」が読めるのか。導入部を引用する。（**A〜I**は竹田による。）

A 客は、夕方の散歩から帰って、私の書斎で私のそばに腰掛けていた。**B**昼間の明るさは消えうせようとしていた。窓の外には、色あせた湖が、丘の多い岸に鋭く縁取られて、遠くかなたまで広がっていた。**C**ちょうど、私の末の男の子が、おやすみを言ったところだったので、私たちは、子供や幼い日の思い出について話し合った。

「（中略）一年前から、僕はまた、ちょう集めをやっているよ。お目にかけようか。」

と、私は言った。

彼が見せてほしいと言ったので、私は、収集の入っている軽い厚紙の箱を取りに行った。**D**最初の箱を開いてみて、初めて、もうすっかり暗くなっているのに気づき、私は、ランプを取ってマッチをすった。**E**すると、たちまち外の景色はやみに沈んでしまい、窓全体が不透明な青い夜の色に閉ざされてしまった。

私のちょうは、明るいランプの光を受けて、箱の中から、きらびやかに光り輝いた。

（中略）

F 友人は、一つのちょうを、ピンの付いたまま箱の中から用心深く取り出し、羽の裏側を見た。

「妙なものだ。ちょうを見るくらい、幼年時代の思い出を強くそそられるものはない。僕は、小さい少年のころ、熱情的な収集家だったものだ。」

と、彼は言った。

そして、ちょうをまた元の場所に刺し、箱のふたを閉じて、

G「もう、結構。」

と言った。

その思い出が不愉快ででもあるかのように、彼は口早にそう言った。その直後、私が箱をしまって戻ってくると、彼は微笑して、巻きたばこを私に求めた。

「悪く思わないでくれたまえ。」と、それから彼は言った。「君の収集をよく見なかったけれど。僕も子供のとき、むろん収集していたのだが、残念ながら自分でその思い出をけがしてしまった。実際、話すのも恥ずかしいことだが、ひとつ聞いてもらおう。」

彼はランプのほやの上でたばこに火をつけ、緑色のかさをランプにのせた。**H**すると、私たちの顔は、快い薄暗がりの中に沈んだ。**I**彼が開いた窓の縁に腰かけると、彼の姿は、外のやみからほとんど見分けがつかなかった。私は葉巻きを吸った。外では、かえるが、遠くから甲高く、やみ一面に鳴いていた。友人は、その間に次のように語った。

（光村図書、東京書籍、他中学1年）


ここでは、「時」が読める以下に着目する。

A 客は、夕方の散歩から帰って、私の書斎で私のそばに腰掛けていた。
B 昼間の明るさは消えうせようとしていた。
C 私の末の男の子が、おやすみを言った
D もうすっかり暗くなっている
E 外の景色はやみに沈んでしまい
I 外のやみからほとんど見分けがつかなかった

こうして並べてみると、確かに「夕方」から「夜中」にかけて時間が経過していることは「読める」。しかし、これらの箇所からは、それ以上の豊かな形象が読める。例えば**A**なら次のように読む。「夕方」の散歩から帰ってきたということは、この「客」と主の「私」は相当懇意な仲ではないのか。夕方になれば普通、「客」は自分の家に帰るからである。それが、この「客」は帰らない。来客であるにもかかわらず、「散歩」して主の家に戻って来ている。ひょっとして泊まるのかも知れない。さらに、「書斎」で腰掛けている。いわゆる「リビング」や「応接間」などではない。主が自分の個別性の高い空間に招き入れてることからみても、やはりかなり親密な間柄だといえる。この読みを踏まえて後を読むと、そのような懇意の相手にさえ、今まで打ち明けられなかったことが分かる。それほどまでにこれから語る内容は、客にとって辛いものだということを読み手に予感させる仕掛けがここにある。また、少年時代の経験は、場合によって、生涯その当事者が背負うべき痛みとなって疼き続け

るという一つのテーマにも迫ることができる。

二人がどういう者同士なのかは、本文に具体的には書かれていない。しかし、「夕方」という時刻と「書斎」を関連づけて「親密に違いない」という「関係」を読むことで、仕掛けやテーマに迫れる読みが可能となる。

ではBはどうか。表現は「消えうせようと」である。「消えようと」ではない。どう違うのか？「とっとと消えろ！」と「とっとと消え失せろ！」ではどちらが強いだろうか？ 後者である。ということは、語り手は、単に陽が落ちる様子を描写しているのではなく、陽が落ちていく様子に、何らかの意味を込めようとしていると は読めないか。そう読むと、後に出てくる「すっかり」「ほとんど」といった表現も、やみ、暗さ、といった情景を強調しようとする語り手の意図が読めてきはしないだろうか。この「やみ」の強調は、導入部においては、客の「告白」の場（＝舞台）を設定する仕掛けと読むことができる。「顔が沈む」ほどの闇が、この告白には必要だったのだ。また作品全体を俯瞰した場合、展開部前半の「僕」（＝客）が、いわば「光」に満ちた熱中振りを発揮するところから描写されているのは、明らかにその後の悲劇性を強める効果がある。少年の「熱情強きが故に図らずも犯せし罪」というテーマも、「やみ」を読むことで見えてくる。

Cからは、「私」には子どもがいること、末の男の子なのだから兄弟がいるかも知れないことなどが読める。

これは、明らかに展開部における、客である「僕」の兄弟関係と照応し合う。「僕」に「妹」という兄弟がおり、この末の男の子も（おそらくは当時の「僕」と同世代の）兄弟がいる。つまり、客にとっては、「罪を犯したあの頃の僕と同じ年頃の子が目の前に現れた」のだ。末の子は、客を告白へと導く心理的な役割を果たす仕掛けとして登場しているのだ。

果たして、この子の「おやすみ」をきっかけに闇はいっそう深まり、その闇を背景にして客の告白が始まるのである。

次に構造上の「仕掛け」を考えたい。それにはまずこの作品の語りがいわゆる「額縁構造」となっていることを確認する必要がある。するとこの作品の最大の特徴が、「私」の友人である「客」の、過去の回想で終了している点にあることが分かってくる。

展開部冒頭の一文は次のようになっている。

> 僕は、八つか九つのとき、ちょう集めを始めた。

ここでいう「僕」は、導入部の「客」（友人）のことで、ここから「客」の一方的な語りとなり主である「私」は一切登場しない。そして作品末尾は、次のように「客」が自分のちょうを潰していったことを語って終わる。

> 僕は、そっと食堂に行って、大きなとび色の厚紙の箱を取ってき、それを寝台の上にのせ、やみの中で開いた。そしてちょうを一つ一つ取り出し、指で粉々に押しつぶしてしまった。

つまり、「現在」に戻らない。よって、客の話を聞かされた、主人である「私」がどういう感想を持ったか、客がこの回想の後何を語ったかなどは、一切分からない。それは「現在」の所から推理するほかなく、つまり、読み手は、導入部に戻ることとなる。この作品の重要な仕掛けの一つは、これではないのか。

この作品は、読み手が「エーミールと『僕』はこの後どうなったのか」を特に考えることを強制してはいない。「僕」の汚してしまった自分の思い出は十分に語られ、蝶をつぶす行為を以て「完結」してるからである。かたや、この思い出を語った後の二人がどうなったかを推理しようと導入部へ戻ると、様々なことが見えてくる。

多くの伏線の存在に気づくことができるのである。

> **F** 友人は（中略）用心深く取り出し、羽の裏側を見た。

なぜ「用心深く」なのか。「丁寧に」「ゆっくりと」と表現してもよいではないか？　むしろその方が自然である。そう読むと「クジャクヤママユ」をつぶしてしまった記憶が彼を「用心深く」していると読めてくる。

> **G**「もう、結構。」／と言った。

普通なら、「ありがとう」である。その後、ゆっくりと「いや、ほんとのことをいうとね……」などと続けるのが大人の対応である。この一見、子どもじみた反応は、この時、すでに客は、「あの時」の痛みを再びリアルに感じていたのである。

> **H** すると、私たちの顔は、快い薄暗がりの中に沈んだ。
> **I** 彼の姿は、外のやみからほとんど見分けがつかなかった。

この何気ない挙止動作にも、意味が表現されていることが読めてくる。「彼の姿は、外のやみからほとんど見分けがつかなかった。」どうして相手に顔も分からないような暗がりで、自分と闇を同化させるような体勢で語りだしたのか？　そう考えると、作品の最後で「僕」が闇の中で蝶をこなごなにしていく様子と、ここでの「客」が照応し合っているのがわかる。相手の書斎で夜を過ごすほどの旧知の相手であっても、顔を合わせながらでは語ることがためらわれたのである。

このように読んでいくと、この作品は単純な苦い思い出話ではなく、子どもの罪、大人の在りようといったたくさんの主題を含んだ物語であることが分かってくる。語られている表現と仕掛けを読むことで、思考が深まり、より卓越した読解の力を身につけることが可能になる。

3「少年の日の思い出」でどういう力を身につけるか

確認してほしいのは、これは特定の教材でしかできないという指導過程ではなく、すべての物語・小説において可能な一般性を持つ指導だということである。

導入部の「時」を読む方法は二つの過程がある。

一つは、「時」が読める言葉や表現を探すという過程。まず「夕方」「闇」といった、直接「時」を表す言葉を探す。今度は、それ以外の言葉や表現からいろいろな「時」が読めるようにしていく。例えば、「ランプ」という言葉から、「まだ電気が普及していない頃」という「時代」を読んだり、「カエル」という言葉から「梅雨から初夏」という季節を読めるようにする。

二つ目は、読み取った「時」を、他の言葉や表現と関連させて、別のことをも読み取っていくという過程。

「夕方」と「客」とを関連させて、二人は仲の良い旧い友人同士ではないかといったことや、「夜」という時間は、客が告白する背景、舞台設定のような役割をはたしているのではというようなことを読み取らせていく。

これらの「読み」の過程を踏むことで子どもたちは、作品を、より深く正確に理解する力が身につけられる。

「時」は、「時代」「季節」「時刻」の三つに整理しながら読む。ばらばらな読みっぱなしではなく、三つの中のどれを読むのか、どれを読んだのかを丁寧に確認する。いわゆる読みの「観点」を与えながら読む。

「ねらい」としては、「時」と「人物」を関係づけて、より深い読解へと導くことである。この作品では、特にこの導入部で、すでに、少年の頃の思い出は、大人になっても当時の痛みをそのまま残すほどのものとなる場合もあるという主題に接近できるのだということに気づかせたい。

4 「言語活動」を生かして「少年の日の思い出」の「表現の技法」「仕掛け」を読む——授業展開

「導入部」の形象を読むために、班を組織し「言語活動」を生かしながら指導した。班学習は、それ自体活動的な要素が含まれている。その最大の効果は、すべての生徒が授業中に必ず一回は発言するということ。もう一つは、思いもつかなかったハッとさせられる他人の解釈に、自分の思考が刺激を受けることである。

二〇一三年四月一七日（水）５時限目 大阪府・高槻中学校 １年３組（男子44名） 授業者　竹田　博雄

（合計６班を組織、リーダーを選出してある。）

教師①　では、今、読んだ箇所の中から、「時」が読める言葉、あるいはまとまった表現に線引きしなさい。

教師②　（二分後）では、線引きした箇所を出し合い、どんな「時」が読めるかを確認しなさい。

（まず個人で考えさせた後、班の中で出し合わせる。）

教師③　では、各班から一つずつ発表してもらいます。

子ども　「カエル」。

教師④　「時」の何が読める？

子ども　季節。

教師⑤　それは？

子ども　梅雨から初夏にかけて。

（各班から「ランプ」「巻きたばこ」といった言葉。）

子ども　「開いた窓」。

教師⑥　「時」の何がよめる？

子ども　季節で、「冬ではない季節」。

教師⑦　どうしてそう思うの？

子ども　時刻は「夜」になっているのは分かるから、夜に窓を開けるのは冬では無理だから。

（「ほお〜っ」という他班からの声が上がった。）

教師⑧　この「開いた窓」に線引きが出来ていた班はほかにある？（無し、の反応）

教師⑨　これが、班学習の面白さの一つといえます。思いつかないことを、先生ではなく、他班が出してくる。

教師⑩　今、「夜」になっているのは分かるといった班があったけど、それは具体的にどんな言葉、表現から分かるの？　時間（時刻）が読める箇所を指摘して！

（この後、第一文の「夕方」から、最後の「やみ一面」までが出尽くした。順番に板書する。）

教師⑪　どの班もよく見つけた。でも、今やったのは「探す」という作業ですね。それも大事だが、では、読み取った「時」を根拠に、別のことも読んでみよう。

（全員、きょとんとした表情。）

教師⑫　冒頭の第一文を見て。「夕方」という時間を根拠に、二人の人物の間柄が読めない？

子ども　友人。

教師⑬　うん、確かに友人と書いてある。では、書いてないことを読もう。どんな友人だと思う？

教師⑭　友人は客でもあるね？　時刻は夕方だよ。普通なら客は？

子ども　帰る。

教師⑮　そう、客なのに夕方になっても帰らない。それどころかどこに行ってたの？

子ども　散歩。

教師⑯　その上、この客はどこにいるの？

子ども　「私」の書斎。

教師⑰　家にお父さんの書斎があるっていう人？

（何人か挙手。）

教師⑱　勝手に入ったらどうなる？

子ども　怒られる。

教師⑲　そう、いわばそこはお父さん専用の空間だからだ。そんな個別性の高い空間に客は腰をおろしてる。

教師⑳　ではもう一度。二人はどんな関係なのだろう？

子ども　幼なじみ、昔からの友人、仲の良い友人。

教師㉑　そう、単なる友人というより、とても親密な、深い友人関係にある間柄だと読むことができますね。

【「言語活動」を生かした物語・小説の授業・徹底入門】

6　「言語活動」を生かして物語・小説を「吟味」「批評」する力を育てる授業

――「大造じいさんとガン」（小5）「走れメロス」（中2）を七つのポイントで「吟味」「批評」する

加藤郁夫（大阪府・初芝立命館高等学校）

1　「吟味」「批評」とは何か

学習指導要領の小学校5・6年生「読むこと」では以下の指導事項が述べられている。

イ　目的に応じて、本や文章を比べて読むなど効果的な読み方を工夫すること。

エ　登場人物の相互関係や心情、場面についての描写をとらえ、優れた叙述について自分の考えをまとめること。

オ　本や文章を読んで考えたことを発表し合い、自分の考えを広げたり深めたりすること。（傍線・加藤）

学習指導要領の中学校3年生「読むこと」では、次のように述べられている。

ウ　文章を読み比べるなどして、構成や展開、表現の仕方について評価すること。

オ　目的に応じて本や文章などを読み、知識を広げたり、自分の考えを深めたりすること。（傍線・加藤）

また、中学校3年の学習指導要領解説では、「読むこと」の言語活動例として「物語や小説などを読んで批評すること」をあげ、次のように述べている。

物語や小説を適切に批評するためには、文章を主観的に味わうだけでなく、客観的、分析的に読み深める力が求められる。そのためには、語句や描写などについて、その意味や効果を評価しながら読むことが大切である。また適切な批評をするためには、作品を分析する力が必要である。その力を高めるために、例えば、同じ作者による複数の作品や、類似したテーマの作品を読み比べることなどが考えられる。

科学的『読み』の授業研究会では、「吟味」「批評」する過程を「吟味よみ」と呼ぶ。読み手が作品を主体的に評価したり批評を行っていく過程といえる。書かれ方の優れたところや面白いところを指摘し、そこがなぜ良いのかを評価する。疑問に感じるところや納得出来ないところを取り上げ、なぜ納得できないかを考えてみる。あるいは登場人物の生き方について話し合ったり、批評文を書くこともある。

これまで文学の授業では、作品を絶対的なものととらえる傾向が少なからずあった。そのため文学の読みが多分に道徳的になる傾向があった。教訓的に読んだり、作品に感動することが文学の読みの目的であるかのように指導されることもあった。もちろん教材としてすばらしい作品を取りあげていくことは大切なことである。だからといって、すべての生徒が作品に感動しなければならないわけではない。作品の構造や形象を読み深めていくことと、生徒が作品をどのように評価するかという問題は分けて考えなくてはならない。だからといって、作品から離れて、好き勝手に自分の考えを述べるのでは、批評・評価とは言えない。吟味よみは、作品をより深く読むことにつながっていかなければならない。

2 「吟味」「批評」でどのような力をつけるか

作品を「吟味」「批評」することを通して、子どもたちにどのような力をつけていくのか。第一に、「吟味」「批評」は子どもたちの主体性を育てていく。作品を評価することは、評価する自分が問われることでもある。言い換えれば、評価できる主体を形成していくことである。なぜ良かったのか、どこが良かったのか、どのように面白かったのか……。自分が面白く感じたのはどうしてだろうかと、自らに問いかけ、その問いに根拠をあげて答えていける力を育てていくのである。

「吟味」「批評」は、子どもたちの中に作品を評価するものさしを創っていく過程といえる。そのためには、構成や構造、形象の読みの中で、文学作品独自の表現や技法そして工夫やその効果が教えられていくことが大切になる。

二つ目に、作品を相対化する力を育てる。一つのものだけを見ていると、どこが良くてどこが悪いのかは見えにくい。何かと比べることで、その特徴や良さ、そして弱さも見えてくることが多い。同じ作家の別の作品と比べる。同じようなテーマを持った作品と比べる。また、語り手を変えたり、視点を変えることで、そこで語られる出来事の見え方が違ってくる。さらには、異なる結末を想定し、それとの違いで考えることもある。比べることを通して、ものごとを相対化できる力を育てるのである。

3 「吟味」「批評」をすすめる七つのポイント

吟味よみは、どこを吟味すれば、何を評価・批評すればよいのだろうか。以下に七つのポイントを示す。(注)

①構成・構造の特徴を吟味する

構成・構造を捉えることとは、作品を俯瞰的にとらえ、作品の特徴を読み取ることである。いきなり事件が始まる作品もある。あるいはクライマックスで作品が終わっている（終結部を持たない）作品もある。またクライマックスの箇所が二通りに割れて、決定が難しい作品もある。なぜ、そのように書かれているのか。その特徴の意味を考えることが吟味につながっていく。

②人物を吟味する

人物はどのように描かれているか、その行動は、読み手にとって納得・共感のできるものとなっているのか。その人物に共感（反発）するのは、どのようなところなのか。また、どうしてなのか。作品の人物形象を読み、その人物像を評価・批評していく。

③事件の展開を吟味する

事件の発展が、物語・小説の読みのもう一つのポイントである。事件の展開は、読み手にとって納得できるものとなっているのか。あるいはどこは納得出来ないのか。その理由は……とストーリーの展開を評価・批評していく。

④テーマ（主題）を吟味する

作品のテーマに、共感・納得できるか。できるとしたら、それはどうしてか。共感・納得できない場合、それはなぜか。自分にとって作品がどのような意味を持つかを考える。

⑤表現技法・作品の仕掛けなどを吟味する

文学作品には様々な表現技法が用いられている。また作品独自の仕掛けが凝らされている場合もある。人物形象や事件展開、テーマなどと関らせて、表現技法がどのような効果を持っているか、仕掛けが作品をどのように面白くしているかを考えていく。

⑥設定や語り手などを変えて比較する

⑦他の作品と比較する

比較は、物事を考えていく基本的な方法の一つである。設定や語り手を変えた場合、どのように違ってくるか。同じ作家の別の作品と比較すると、作家の特徴を考えることができる。テーマや設定などが似ている作品と比べることで、作品の特徴が見えてくる。比較は、作品を相対的に見ることであり、吟味よみの重要な方法である。

構造よみ・形象よみの過程と吟味よみの過程を関連させて指導していくことが重要である。そのためにも、教師自身が、繰り返し作品を読み返し、より深い構造・形象の読みができるようにしていくことが大切である。浅い教材研究では、吟味よみも皮相なものにしかならない。

吟味よみにおいても、互いの考えを交流しあうことが重要である。さらには、自分の考えを文章にまとめていくことも大事にしたい。話し合いや批評文を書くという言語活動を通して、吟味の力を鍛えるだけでなく、話す力・聞く力・書く力も鍛えられる。

4 「大造じいさんとガン」を「吟味」「批評」する

「大造じいさんとガン」（椋鳩十）の吟味よみを三例示す。

一つ目は、いちばん面白かった場面をあげて、その理由を述べることである。5年生なので肯定的な評価を優先させる方がよい。否定的な評価に重きをおいてしまうと、文学作品はおもしろくないと考える子どもを増やしてしまいかねない。まずは良い点をきちんと評価することで、文学作品の面白さや魅力をきちんと理解・評価できるようにしていくことが大事である。

その場面をなぜ面白いと思ったかを、作品の表現を根拠にして考えることを大事にしたい。ハヤブサと戦って怪我をした残雪が、大造と向かい合う場面がある。「残りの力をふりしぼって、ぐっと長い首を持ち上げました」「じいさんを正面からにらみつけました」「いかにも頭領らしい、堂々たる態度」「最期の時を感じて、せめて頭領としてのいげんを～」と、怪我を負いながらも大造とにらみあう残雪の姿が「かっこよく」描かれている。それは大造が残雪をそのように見ているということでもあるのだが、ガンが人間と対等あるいは人間を超えるような存在として描かれていることが、この場面を魅力的で面白くしている。

二つ目は、異なる終結部を想定し、それとの比較で考える。大造は、残雪を放してやるのではなく、捕まえたままにしておくこともできた。残雪がいなければ、次の年からはガンをたくさん捕まえられるはずである。そのような終結部を提示し、それと比べて、どう違うかを考えるのである。残雪がハヤブサと戦っているとき、大造はねらいをつけていた銃を下ろす。そんな大造の姿と、残雪を捕まえたままにして、翌年からガンをたくさん捕まえようとする人物像は、一致するだろうか。最後に「堂々と戦おうじゃないか」と残雪に呼びかける大造であってこそ、銃を下ろすイメージと重なりあう。永年動物たちと渡り合ってきた老狩人の誇りがそこには読み取れる。結末を変えた場合に作品の印象がどのように変わるかを検討することで、終結部の持つ意味を考えていくこともできる。

三つ目は、他の作品と比べることである。ここでは四年生で学習した「ごんぎつね」との比較を提案する。どちらも人間と動物との間に起こる出来事を描いている。しかしその描き方や展開は大きく異なっている。ごんはその内面が詳しく描かれるのに対して、残雪の内面は描かれていない。さらに、大造は残雪を意識して行動しているが、残雪は大造を意識して行動しているようには描かれていない。最後の場面で「じたばたさわ」がなかったのは、残雪にその力がなかっただけかもしれないし、大造が勝手に「にらみつけ」ているように思っただけかもしれない。突き放してみれば大造が残雪に勝手な思い入れを深くしているとも読める。「ごんぎつね」ではごんを「登場人物」として見ることができるのに対して、「大造じいさんとガン」では、残雪を「登場人物」と見ることはできない。そこから、文学作品における「人物」とは何かを考えていくことができる。また、ごんと兵十の関係がごんの死をもって終わるのに対し、大造は残雪を再び大空へと放してやる。狩人とその獲物となるガンの話なのに、ここには死が描かれていない。「ごんぎつね」との比較は、様々な違いについて考えさせてくれる。

5 「走れメロス」を「吟味」「批評」する

「走れメロス」（太宰治）の吟味よみを三例示す。一つは、メロスの人物像に共感するかどうかである。妹の結婚式を執り行い、シラクスを目指す「勇者」メロス。しかしもう一方では、老爺から「王様は人を殺します」と聞いて、「あきれた王だ。生かしておけぬ」と即座に王を殺しに王城に向かう「単純な男」でもある。王に捕まった後で、妹の結婚式のための猶予を乞うところなども、後先の事を考えていない、計画性の無さが読めなくもない。このようなメロスに共感するのか、また共感（反発）するのはどのようなところなのかを考える。

二つ目は、王の変化に対する評価である。はじめは人間を疑っていた王が最後には仲間に入れて欲しいという。そのことをどう評価するか。言い換えれば、王の改心に対して納得するか、しないか。王の人物形象と重ねあわせて考えていく。

三つ目に、ストーリー展開に対する吟味である。メロスは、悪い夢を見た後「うとうと、まどろんでしま」う。そしてその後に「ふと耳に、せんせん、水の流れる音が聞えた。～清水がわき出ている～一くち飲んだ。～歩ける。行こう。」となる。「濁流を突破し」「山賊の囲みからも、するりと抜けて一気に峠を駆け降りて」疲れきったメロスが、少しまどろんだ後、回復する。この展開は、読み手として納得できるのだろうか。

二つの作品で吟味よみの例を示した。もちろん授業ですべて取り上げる必要はない。吟味よみで大切なのは、作品の表現にしっかりと根拠を持って考えることである。

6 「走れメロス」―王の変化を吟味する授業

（茗渓学園中学校高等学校の鈴野高志氏の実践および加藤自身の初芝立命館高等学校での実践にもとづいて、加藤が再構成した授業シミュレーションである。）

群衆の中からも、歔欷の声が聞こえた。暴君ディオニスは、群衆の背後から二人のさまをまじまじと見つめていたが、やがて静かに二人に近づき、顔を赤らめてこう言った。

「おまえらの望みはかなったぞ。おまえらは、わしの心に勝ったのだ。信実とは、決して空虚な妄想ではなかった。どうか、わしも仲間に入れてくれまいか。どうか、わしの願いを聞き入れて、おまえらの仲間の一人にしてほしい。」

教師①　王ディオニスは、最後にメロスたちに向かって「おまえらは、わしの心に勝ったのだ。（中略）。どうか、わしも仲間に入れてくれまいか」と言う。はじめディオニスは「人の心は、あてにならない。人間は、もともと私欲の塊さ。信じては、ならぬ」と言っていた。王の変化を君たちは納得できる？

子ども　私は、納得できます。王は人間を信用していなかったから、殺されることがわかっていてメロスが間に合うように戻ってくるなんて思ってもいなかった。そのメロスが間に合うように戻ってきたから、とてもショックで、王は変わったのだと思います。

子ども　ぼくも納得。王は「顔は蒼白で、眉間のしわは、刻み込まれたように深かった」って書かれている。単純で暴力的な王様とは描かれていない。王も人を信じたいと思っていたんだから、王の変化は納得できる。

子ども　私は、納得出来ない。確かに王はメロスが遅れてくると思っていた。だから間に合ったことはショックだったと思うけど、それだけで、「仲間に入れてくれ」なんて言うのは変わりすぎ。人は信じられるかもしれないなあ、くらいの変化ならわかるけど。

子ども　メロスの行為は、人は信じられることを教えたといえる。でも、それはメロスやセリヌンティウスが信頼出来るということであって、人間だれでも信じられるということではない。王の変化は、単純すぎる。

教師②　王の「わしも仲間に入れてくれ」というのは、人間を信じる仲間に入れてくれということ？

子ども　そうじゃなくて、メロスやセリヌンティウスの仲間に入れてくれということだから、ここで王は人間すべてが信じられると言っていることにならない。

子ども　王さまはメロスが戻ってくるまでの三日間、セリヌンティウスの様子をずっと注意していたんじゃないかな。彼はメロスに身代わりを頼まれて、何のためらいもなく引き受けたでしょ。そして平然と三日間待っていたセリヌンティウスの様子を見ていて、王の考え方が少しずつ揺らいでいったんだと思う。

子ども　それなら王のそういう変化がもっと分かるように書いてないと……。最初と最後に出てくるだけで、ガラッと変わるのでは説得力ないよ。

子ども　確かに、王が三日間の間でどう変わったかは書かれていない。でも「セリヌンティウスは無言でうなずき、メロスをひしと抱きしめた。」とメロスとセリヌンティウスの信頼の篤さを王は目の当たりに見ているわけだから、読み手である私たちが、その後のことを想像していけばいいんじゃないかな。

王ディオニスの変化について「正解」があるわけではない。大事にしたいのは、作品の中に根拠を求めて考えることである。どのような表現から、そのように考えたのかを明示して議論をさせることが大切である。

王の変化に納得するかどうかを話し合った後、自分の考えを二〇〇字程度で書かせる。はじめに納得するかどうかの結論、次にその理由を書くという形を決め、十五分くらいの時間で書かせる。先の話し合いで出された意見を参考にし、必ず作品の表現を一ヶ所引用して、それを根拠に自分の考えを述べることを指示する。以下の二つは、加藤が書いた記述例である。

【王の変化に納得】

私は王ディオニスの変化に納得する。王は、「顔は蒼白で、眉間のしわは、刻み込まれたように深かった」と描かれている。もともと人間を信じられないことに苦しんでいるように描かれている。人間を信じたいという思いがあるからこその苦しみだ。だから、メロスが間に合った時、そのような人間を信じたいという思いが、すっと前に出てきた。王の変化は、急なように見えるけれど、人間を信じたいという王が、前からもっていた思いが、素直に表されただけなのである。

【王の変化に納得しない】

私は、王の変化に納得できない。確かにメロスやセリヌンティウスの行動は、人間は信じられることを王に示した。しかし、「王様の妹婿様を。それから、御自身のお世継ぎを。それから、妹様を。～、妹様のお子様を～賢臣のアレキス様を」とあるように王はこれまでに何人も周りの人を殺している。王は自分の周りの人達にいっぱい裏切られたということである。それにも関わらず、メロスが間に合うという一回だけのことで、手のひらを返すように人間を信じる側に変わるのでは説得力がない。

注　「吟味の方法」については、阿部昇が「物語・小説を吟味する力―「走れメロス」（太宰治）を例に」『国語授業の改革4』二〇〇四年の中で七つの方法を提案している。

【「言語活動」を生かした説明的文章の授業・徹底入門】

7　「言語活動」を生かして説明文の「構成」「問い→答え」を読む力を育てる授業
――「じどう車くらべ」(小1)と「ありの行列」(小3)で構成の基本を学ばせる

志田裕子（秋田県八郎潟町立八郎潟中学校）

1　「じどう車くらべ」(小1)

(1)「じどう車くらべ」教材研究

「じどう車くらべ」(光村図書『国語一上』)は、三つの自動車を例に挙げ、「しごと」と「つくり」という視点から説明する二部構成の説明文である。「はじめ」に本文全体に関わる「問い」(＝問題提示)「どんなしごとをしていますか。どんなつくりになっていますか。」を置き、「なか」でそれに「答え」ていくという構成になっている。ただし「おわり」がないので、「なか」と言うには違和感がある。そのためここでは「はじめ・なか・おわり」という学習用語ではなく、『問い』のまとまり」「『答え』のまとまり」という提示の仕方をしていく。そして、次の2年生で三部構成の説明文に出会わせる。

「構成」「問い→答え」を読む力。これは、説明文を読む際に基本となる力の一つである。小学校低学年から高等学校まで学習の基盤として必要な力である。

入門期である小学校1年生の教科書に掲載されている説明文を見ると、「問い」「答え」が対応し、その繰り返しで説明が続くという形をとるものが多い。

本文のいくつかの「まとまり」は、それぞれの文の数が同じで、それぞれの文の役割も同じという書かれ方をしていて、入門期の児童にあった目配りの行き届いた説明文が多い。「じどう車くらべ」「どうぶつの赤ちゃん」などである。ここで、しっかりと「問い→答え」を読む力をつけたい。そして次の段階の「はじめ・なか・おわり」の三部構成につなげていきたい。

そこで「はじめ・なか・おわり」の構成とそれぞれの役割について学ぶ。2年生は、作文や日記、観察記録などを書く学習経験が増え、自分の思いを文章に書くことができるようになっている段階でもある。そのため「説明の順序」という視点から「なか」における説明の仕方を学び、書くことへの関連指導を位置付けるには適切な学年と言える。

〈「じどう車くらべ」構成表〉

問いのまとまり

◎問題提示 **〈問い〉**
○どんなしごとをしていますか。どんなつくりになっていますか。

答えのまとまり

◎本文Ⅰ「バスやじょうよう車」 **〈答えⅠ〉**
①文「しごと」②文「つくり1」③文「つくり2」

◎本文Ⅱ「トラック」 **〈答えⅡ〉**
①文「しごと」②文「つくり1」③文「つくり2」

◎本文Ⅲ「クレーン車」 **〈答えⅢ〉**
①文「しごと」②文「つくり1」③文「つくり2」

※一文一段落で書かれた説明文。入門期には多い形。

(2)「じどう車くらべ」の授業構想

―「説明文を書く」という言語活動を位置付ける

(1) 学習の計画を立てよう

①全文を音読し、初発の感想をもつ。

②「問い→答え」を手がかりに構成をとらえる。「問い」と「答え」という大きなまとまり、そして「答え」が三つのまとまりに分かれることを読み取る。

(2)「しごと」と「つくり」を読み取ろう

①「バス・乗用車」の「しごと」と「つくり」を読み取る。

②「トラック」と「クレーン車」の「しごと」と「つくり」を読み取る。

(3)「じどう車ずかん」（説明文）を書こう

①「じどう車くらべ」で学んだ書き表し方を活用して、簡単な説明文を書く。

(3)「じどう車くらべ」授業展開

指導計画の(1)の②「文章の構成をとらえる」ことをねらいとした授業シミュレーションを示す。この授業シミュレーションは、二〇〇七年九月に八郎潟小学校において行った実際の授業に基づくものである。

教師① 「じどう車くらべ」を前の学習で学んだことを使って「まとまり」に分けてみましょう。いくつのまとまりに分けられそうかな?

子ども 四つ。

教師② では、四つのまとまりを読み取ってみましょう。今日は、一番後ろのまとまりから読み取ってみようか?

子ども クレーン車のまとまり。⑩文からクレーン車のまとまりです。だって、その前の⑨文は、トラックの説明になっています。

教師③ では、⑨の文をみんなで音読してみようか。

子ども 「おもいにもつをのせるトラックには、タイヤがたくさんついています。」

子ども 「トラックには」って主語があるから間違いない。

> 「クレーン車」「トラック」「バス・じょうよう車」については、説明のための絵も一枚ずつ対応しており子どもたちにとっても分裂なく理解できるように書かれている。ただし、本文を根拠にまとまりをとらえることを大切にしたいので、一斉音読を取り入れながら、丁寧に確認していきたい。

教師④ 四つのまとまりが読み取れたね。でも、この最初のまとまりは、三つのまとまりと同じですか?

子ども 「いろいろなじどう車」のまとまり

子ども 違う。いろいろなじどう車の説明はない。

子ども 「はしっています」だけで、説明はない。クレーン車とかは「しごと」とかあった。

子ども 「問い」がある。②の文は「していますか?」って聞いている。

子ども 「いろいろなくちばし」と同じだ。

> 前時の学習を掲示しておくことも支援の一つである。入門期の子どもたちには視覚に訴える支援のコーナーを準備しておくことをすすめたい。

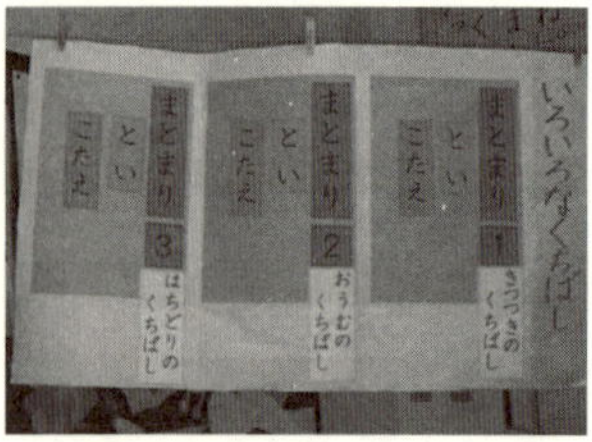

教師⑤ どんな「問い」があるかな?

子ども それぞれのじどう車は…(略)…していますか。

子ども　次の③文も問いの文だよ。「そのために、どんなつくりになっていますか？」ってある。

教師⑥　前の説明文と、どこが違うかな？

子ども　問いが二つになった。

子ども　問いの文と答えの文がはなれてる。

教師⑦　「じどう車くらべ」は、最初に「問いのまとまり」があって、「答えのまとまり」が次に書かれています。四つのまとまりではあるけど、大きく見ると、「問いのまとまり」「答えのまとまり」になっていますね。

子ども　全部のまとまりに問いの文を書くと、あんまり長くなるもんね。これで、分かるよね。

> 前の説明文と比較して、その書かれ方のよいところ（工夫）を発見するという評価的な読みを、入門期から自然な形で取り入れていきたい。この視点は単元の終末に説明文を書くという言語活動へもつながっていく。

二〇〇七年に八郎潟小学校でこの授業を展開した際には、導入の段階で、子どもたちから「もっと他の自動車のことも知りたい」という感想が出された。そこで「一年一組自動車図鑑」作りが計画された。子どもたちの声で単元が作られたことで、学びの大きな原動力となった。子どもたちは、自分の説明文を書くという目的をもって最後まで意欲をもって説明文を読むことができた。「読み」から「書き」への学習が必然であり、自然な学習として単元の中に位置付けられたことになった。さらに単元のはじめにゴールの自動車図鑑作りを位置付けたことで、教材の学習と並行して読書をする子どもが増えた。物語中心の読書が多かった子どもたちが、説明表現で書かれた図書へ読書が広がったことも成果であった。

下記のノートは、その時の子どものものである。

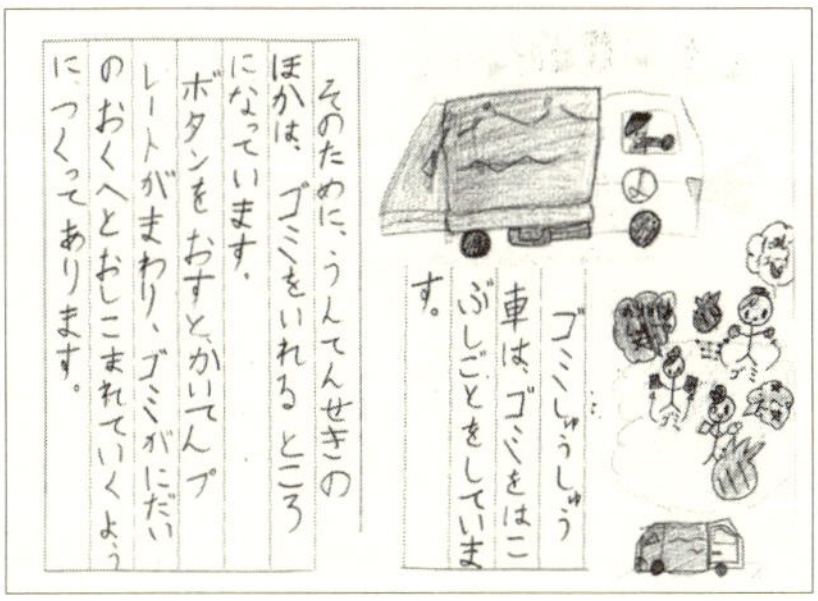

2 「ありの行列」（小3）

(1) 「ありの行列」教材研究

「ありの行列」（光村図書『国語三上』）は九つの段落か

らなる説明文である。ありの行列のできる秘密について観察・実験・研究を通して説明している。1段落には次のように全文全体に関わる問題提示（③文④文）があるため、1段落が「はじめ」であることはすぐに読み取れる。さらに前半の二文（①文②文）は、話題提示の役割をもつ。いきなり「問い」で始まってもつながるが、①文②文がある場合とない場合では違う。その差違を考えさせることも大切である。前の学年でも、このような「はじめ」の説明文を学習している。その学習ともつなげ、もう一度「はじめ」の役割について考える学習を位置付けることを大切にしたい。

> 1 ①夏になると、庭や公園のすみなどで、ありの行列を見かけることがあります。②その行列は、ありの巣から、えさのある所まで、ずっとつづいています。③ありは、ものがよく見えません。④それなのに、なぜ、ありの行列ができるのでしょうか。

また、9段落では、次のように書かれている。

> 9　このように、においをたどって、えさの所へ行ったり、巣に帰ったりするので、ありの行列ができるというわけです。

「このように」という接続詞に着目しても、全体を総括しまとめる段落であることはすぐに読み取ることができる。さらに、「問い→答え」の視点から読むと、第1段落で示した問題提示に答える形をとっている。

「なか」は二つに分かれる。ありの巣から離れた所に砂糖や石を置く実験と考察が「なか1」（2～5段落）、その考察に基づくありの体のしくみの研究の考察が「なか2」（6～8段落）である。「なか1」と「なか2」が、発展型・累加型になっているのも「ありの行列」が仮説検証型の科学的な説明文である特徴である。「実験方法→実験→結果→考察」という科学的な思考と、段落の構成とが重なっている。そのポイントとなる段落の一つが、「なか1」の最後の段落（5段落）と「なか2」の最初の段落（6段落）である。

「なか1」の考察の発展として「なか2」の研究が位置付いている。これらの段落に着目することで「なか1」と「なか2」の論理関係を読み取ることができる。各段落や文どうしの論理関係を丁寧に読んでおくことは、要点をまとめるという学習においては、キーパラグラフ（中心段落）がどの段落か、中学年の段階でも読み取ることができることにつながる。

さらに、筆者は「実験方法→実験→結果→考察」が明らかに読み取れるよう、文末表現を変えていることも本教材での学習の新しい学びとなる。

〈「ありの行列」構成表〉

はじめ		**◎話題提示・問題提示（一段落）〈問い〉** ○ありは、ものがよく見えないのに、なぜありの行列ができるのでしょう
なか	**なか1**	**◎ウィルソンの実験（2～5段落）〈なかⅠ〉** ありは地面に何か道しるべをつけているのでないか。
	なか2	**◎ウィルソンの研究（6～8段落）〈なかⅡ〉** ありはおしりからにおいのある液を出す。〈答え〉
おわり		**◎まとめ〈答えのまとめ〉（9段落）**

実験や観察、研究したことについては、文末を「～しました」と結び、分かっていることや分かったことについては、文末を「～です」「～ます」と結ぶ。第4段落の考察の文に着目すると筆者の発見の驚き、思いをも読み取ることができる。

3（前略）ふしぎなことに、その行列は、はじめのありが巣に帰るときに通った道すじから、外れていないのです。

一時間の授業の中で、説明文を正確に読み取ることと筆者の文章の書かれ方の工夫を読み取るという視点の両面をもたせた授業を構成することで「ありの行列」をより豊かに読むことができると考える。

(2) 「ありの行列」授業構想

―「感想文を書く」という言語活動を位置付ける

(1) 学習の計画を立てよう

①全文を音読し、初発の感想をもつ。

②（初発の感想から）読んで分かったことを○○に伝えるという学習の計画を立てる。

③「問い→答え」を手がかりに文章の構成をとらえ、「はじめ」「なか」「おわり」のまとまりの役割について確認する。

(2) ありが行列を作るふしぎを、ウィルソンの実験・

研究から読み取ろう。
①ウィルソンの実験を読み取る。(「なか1」)
②ウィルソンの研究を読み取る。(「なか2」)
(3)〇〇に伝えよう
①「ありの行列」を読んで分かったことを感想文にまとめよう。
②感想を伝え合おう
伝える相手を具体的に決めることが学習への必然性をもたせることにつながる。

3 言語活動を生かすための指導のポイント

(1) 学習への必然性をもたせる

「〇〇に感想を伝える。わかったことを伝える。」という言語活動を単元の終末に位置付ける。そのためには、〇〇が子どもたちにとって伝えたい相手であり、伝えたことにより、自分たちの学習がより深まり、または広がる相手であることが理想である。

光村図書では説明文の学習の後に「感想をまとめましょう」という頁があり、感想をまとめるポイントを整理し示している。説明文を読み取る学習が終わってから感想を書く準備をするのではなく、説明文の学習のスタートと同時にその準備が始まるようにする。

教師がデザインした単元をあたかも子どもたちの声で作られた単元であるかのように仕組むことが意欲の高まりを生む。そこで導入の段階で、子どもたちの初発の感想をもとに「説明文の学習で分かったことを〇〇に伝えよう」というゴールを作る。そのために学級の実態をしっかりとらえておくことが大切になる。

さらに「ありの行列」という科学的な説明文と出会い、他の昆虫について、また他の研究者の実験の様子について知りたいという子どももいる。この学習に入る前から、意図的に学級文庫に科学読み物をそろえて並べておくなど言語環境を整えておくことが学びの支援となる。他の説明文も読んでいることにより、比較の視点で説明文を読むことが可能となる。そうすることで科学の世界が広がったり、説明表現の工夫に気付いたり、説明文をより豊かに読むことへつながる。

(2) 単元のゴールを視野に入れたふりかえり

一時間ごとのふりかえりの中に、「〇〇に伝えたいこと」を視野に入れたポイントを示し、そのことについても書かせておきたい。そうすることで子どもたちの一時間の授業のふりかえりに「○○に伝えたいこと」がたくさん残り、それが単元終末の「書くこと」への学習につながっていくことになる。

(3) 論理関係を読み取る学習に位置付ける言語活動

「なか」のまとまりにはウィルソンの実験・研究が説明されている。ここからは、不思議に思ったことを明らかにしようとする科学者としての行動や考え方を読み取ることができる。例えば、「ウィルソンの実験日記」をウィルソンに代わって書く、という言語活動を「なか」の読み取りの時間に位置付けることにより、子どもたちは接続詞や文末表現に着目しながら、「なか」の論理関係を読み取っていくことができる。イラストの得意な子どもであれば「科学まんが」「○こまマンガ」に表すという言語活動も効果的である。そして一人一人が読み取り、自分の言葉でまとめた「実験日記」や「科学マンガ」をグループで紹介し合い、話し合うという言語活動を位置付けることも効果的である。ここで子どもたちは、自分の読みを確認し、より深めていくことができるからである。

さらに「実験日記」や「科学マンガ」「○こまマンガ」は、感想を伝える場面でも活用できる。

7 おわりに

小学校で指導した子どもたちが、今年私の勤務する中学校に入学した。説明文「ダイコンは大きな根？」の授業では小学校で学習したことを工夫しながら読み進める子どもの姿が見られた。また小学校の時に、説明文の学習の後に書いた「自動車図鑑」「サンゴの海の秘密」など子も覚えていて話題にしている。小学校・中学校で同じ子どもたちと国語の教室で出会えたことに感謝する。と同時にこれからも確かな学びにつながり、心に残る国語科の授業を作っていきたい。

【「言語活動」を生かした説明的文章の授業・徹底入門】

8　「言語活動」を生かして説明文を要約する力を育てる授業
――「動物の体と気候」（小5）の論理関係をつかみ要約する

熊添由紀子（福岡県八女市立黒木中学校）

1　説明的文章の「論理関係」を読む力を育てる

二〇〇八年告示の学習指導要領「国語」には、「目的に応じて、中心となる語や文をとらえて段落相互の関係や事実と意見との関係を考え、文章を読むこと。」「目的や必要に応じて、文章の要点や細かい点に注意しながら読み、文章などを引用したり要約したりすること。」（小3・小4）、「文章の中心的な部分と付加的な部分、事実と意見などとを読み分け、目的や必要に応じて要約したり要旨をとらえたりすること。」（中1）とあり、要約する力の必要性が述べられている（ともにC「読むこと」の指導事項）。

科学的『読み』の授業研究会では、従前から説明的文章を読むための指導過程の一つとして「論理よみ」を提案してきた。「論理よみ」は「構造よみ」と「吟味よみ」の間に位置づく指導過程であり、「柱の段落」「柱の文」「柱の言葉」に着目しつつ、段落相互・文相互・言葉相互の論理関係を読み、分析していく。そして、それまでの構造分析・論理分析を総合しつつ、その文章全体の要旨をつかんでいく。

その過程で前文、本文1など各部分の「要約」の指導も行う。ただし、ここで重要なのは、要約ができること以上に論理関係を把握することである。それこそが、説明的文章の「読みの力」になる。「柱」に絞りつつ論理関係を明らかにしていく中で、同時に「ことがら（事実・意味）」「表現」を読み、結果として「前文」「本文1」などの要約が得られる。そしてさらに構造分析・論理分析を総合していく過程で結果として要旨が得られる。

阿部昇は、「論理よみ」を「構造よみ」と「吟味よみ」の間に位置づけるメリットとして次の二つを挙げている。(1)

(1)「構造よみ」で仮説的に読んでいたことが、はっきりと検証される。

(2)「論理」「ことがら（事実・意味）」などの読みとりが、「吟味」をより明快により鋭くしていく。

2 「動物の体と気候」の「論理」を読む―教材研究

「動物の体と気候」（東京書籍『新しい国語五上』）は「いろいろな動物たちが、それぞれの環境に適応しながら生きている。」という前文の話題提示をうけて、本文1〜3で具体的な例を挙げて環境に適応している動物のことが説明される。

構造は次のようになる。

前文は1段落で、話題提示になっている。後文は、第14段落で、「環境に適応しながら（中略）動物たちの体は、それぞれに、すんでいる場所の気候や風土に合うようにできている」と前文と照応した書き方になっており、これまでの内容をまとめている。

本文は三つに分けられる。本文1は第2〜6段落で「動物の体の形と気候の関係」、本文2は第7〜9段落で「動物の体の大きさと気候の関係」、本文3は第10〜13段落で「動物の毛皮と気候の関係」が書かれている。

「論理よみ」の過程を本文1を取り上げて述べる。

本文1は2〜6段落からなる。（段落番号は熊添）

2 動物の体の形と気候との間には、おもしろい関係がある。いっぱんに、寒い地方にすんでいるものにくらべて、あたたかい地方にすんでいるもののほうが、体がまるっこく、耳とか手足とかの体の出っ張り部分が少ないというけい向がみとめられることである。

3 寒い所で体温を一定にたもっていくためには、体内で生産した熱をできるだけ失わないようにしなければならない。同じ体積の体であっても、体の出っ張り部分が少なく、体形が球に近いほど体の表面積は小さくなる。体の表面積が小さいということは、外気と接する面積が小さいということであり、それだけ外気にうばわれる熱が少なくなる。体がまるっこいのは、寒い地方で生きていくのに、たいへん都合がよいことなのである。

4 実際に、寒い地方にすむホッキョクギツネは、まるくて小さい耳をしている。耳や手足などの部分は、

> 血管が体の表面近くにあるので、そこから熱がうばわれやすい。だから、耳が小さいことは、熱がうばわれて体温が下がるのを防ぐのに役立っている。
>
> 5 逆に、暑い砂ばくにすむ小さなイヌ科動物のフェネックは大きな耳を持っており、この耳は、そこから体熱を放散させて、体温が上がりすぎないようにするのに役立っている。
>
> 6 動物園関係者の間で、ゾウはかなり寒い所でもかえるが、キリンはむずかしいということがいわれる。それは経験から出た言葉であるが、先に述べたことと無関係ではない。ゾウの体つきは、どちらかといえば球形に近いし、キリンは足や首が長く、どう見ても寒地向きの体形ではない。

2段落には「寒い地方にすんでいるもののほうが、あたたかい地方にすんでいるものにくらべて、体がまるっこく、体の出っ張り部分が少ないというけい向がみとめられる」と、動物の体の形と気候の関係の内容が述べられている。3段落は「体の出っ張り部分が少なく、体形が球に近い」ことが「寒い地方で生きていくのに、たいへん都合がよい」と、動物の体の形と気候の関係を述べた2段落の理由を述べている。

4～6段落には例が述べられている。4段落は「寒い地方にすむホッキョクギツネ」の例、5段落は「暑い砂ばくにすむフェネック」の例、6段落は「ゾウとキリン」の例である。この三つの段落は並立の関係になっている。

以上から、本文1の柱の段落は2段落となる。

これを論理関係図にすると次のようになる。

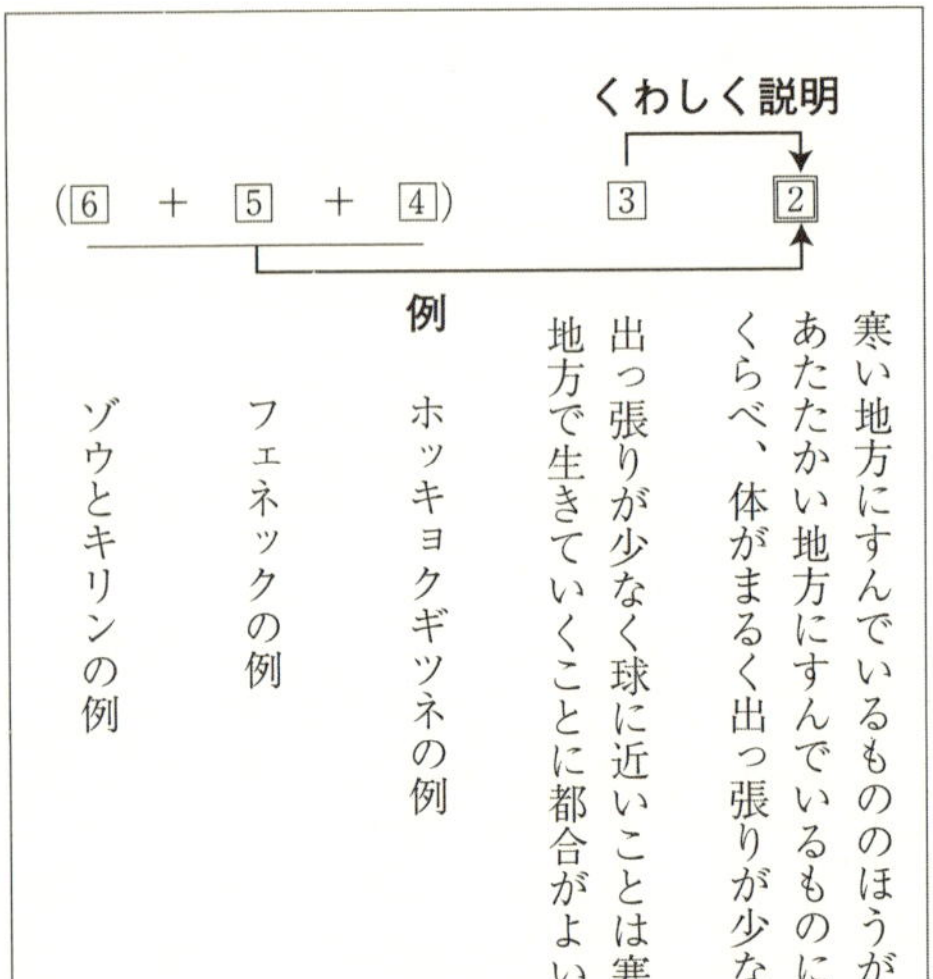

ここでは、2段落と3・4・5・6段落の論理関係を考えさせることで、柱の段落が2段落であることを見つ

けさせることがポイントになる。

次に柱の文を見つける。2段落には二つの文がある。

> ①　動物の体の形と気候との間には、おもしろい関係がある。
> ②　いっぱんに、寒い地方にすんでいるもののほうが、あたたかい地方にすんでいるものにくらべて、体がまるっこく、耳とか手足とかの体の出っ張り部分が少ないというけい向がみとめられることである。

①文で「おもしろい関係がある。」と述べ、読者に興味を持たせる書き方になっているが、まだその内容は分からない。②文にその内容が書かれている。柱の文は②文であり、①文は②文の前置きになっている。「おもしろい関係」とは何かを子どもに考えさせることで、①文と②文の関係が見えてくる。
要約文は、②文を柱の言葉に絞ってまとめる。

柱の言葉は、「寒い地方にすんでいるもののほうが、あたたかい地方にすんでいるものにくらべて」「体がまるっこく、体の出っ張り部分が少ない」である。

したがって、本文1の要約文は次のようになる。

> 寒い地方にすんでいる動物のほうが、あたたかい地方にすんでいる動物にくらべて、体がまるっこく、体の出っ張り部分が少ない。

このように、前文、本文2、本文3、後文も同じように論理関係を捉えて要約文を書く。

次に、要旨をまとめる。要旨は要約文を総合していく。

前文は話題提示であり、後文と対応しているので、問いの関係である。本文1・本文2・本文3は後文にまとめられるが、本文1と本文2が動物の全体的な体について述べているのに対し、本文3は体の一部である毛皮について述べている。本文1と本文2が並立の関係で並び、それと本文3が累加になり、後文にまとめられる。

したがって要旨は後文の要約文となる。

> 動物たちの体は、それぞれに、すんでいる場所の気候や風土に合うようにできている。

ただし、後文だけでは要旨として不十分という場合は、本文1、本文2……の要約をまとめて要旨とする場合もある。何のための要旨かによって、また文章の書かれ方によってそれらを区別する必要がある。

1 「動物の体と気候」でどういう力をつけるか
——教科内容

(1) 「柱の段落」「柱の文」を見つけることを通して、段落相互・文相互の論理関係をとらえることができる

段落・文相互の論理関係を理解させるためには、繰り返し柱さがしの練習をするのが効果がある。

1 アメリカでは電気自動車が多く作られている。
2 それは買い物など近くに出かける時に使い、百二十キロくらい走れる。

これらの論理関係は、一気に子どもたちに教える必要はない。はじめは大きく見分けられ、学年が進むにつれてだんだんと細かい関係がわかってくればよい。たとえば、次のような進め方である。

(1) A対等の関係か、B含む→含まれるの関係か、の見分け。
(2) Aならば、累加か対比か、の見分け。Bならば、くわしく説明など（(3)の①②③）か、理由・原因など（(3)の④⑤）かの見分け。
(3) ①くわしく説明・例か、②補足か、③まとめられるか、の見分け。④理由・原因か、⑤前提か、の見分け。[2]

(2) 柱の文を使って要約文を書くことができる。

柱の段落の柱の文に絞った後の要約文は、次の方法で書く。

1 まず述語に着目する。（述語は「思う」「考え」「〜ではないか」などの形式的な述語ではなく、実質的な内容の部分の述語を見つける。）
2 その述語に対応する主語を見つける。（ただし、主語省略はしばしばある。）
3 「1」の述語によって是非必要な修飾語を見つける。（最後に敬体を常体に直す。）

(3) 段落相互の論理関係をとらえながら、要約をし要旨を書くことができる

要旨とは、「述べられたことの、もっとも重要なところ。肝要な事柄。」（『日本語大辞典』講談社）

要旨は次の方法でまとめる。

1 要約文をもとに意味段落相互の関係をとらえ、柱の意味段落の要約文を要旨とする。

2　1の要約文を中心に、他の要約文も補いながら要旨をまとめる。

1でまとめるか、2でまとめるかは、要約文の書かれ方による。「動物の体と気候」では、1の方法をとる。

4　「言語活動」を生かした授業展開例
―発問・助言・評価を重視する

「動物の体と気候」は小5の教材であるが、ここでは中1で授業を行った。以下その記録の一部を紹介する。

二〇一三年四月二三日（火）2時限目
福岡県八女市立黒木中学校
1年1組（男子17名・女子15名、計32名）
授業者　熊添由紀子

教師①　次に本文1に行きます。要約もしよう。本文1には2～6段落の五つの段落があります。どれが柱の段落ですか。

まず個人で考えてください。次に班で考えて話し合った結果を黒板に書いてください。

（子どもが班の考えを黒板に書く。）

教師②　3段落という考えを出しているのは3班ですね。他の七つの班は2段落という考えです。では、意見がある班は発表してください。

班での話し合いをさせる前に、個人で考える時間を十分に取る。班は4人班を作り、学習リーダーを中心に話し合いを進めさせる。学習リーダーは、全員の意見を聞いて、班としての意見をまとめ、発言者を決める。教師は全ての班の意見が出たら、論点をはっきりさせるために意見を分類して提示し、意見が出やすいようにする。

子ども（5班）僕たちの班は2段落だと考えました。理由は「動物の体と気候との間には、おもしろい関係がある。」とまとめているように書いてあるからです。

子ども（7班）私たちの班も2段落です。2段落には「寒い地方にすんでいる動物のほうが、体がまるっこく、体の出っ張りが少ない」と書いてあって、3～6段落はそのことをくわしく述べているからです。

子ども（3班）僕たちの班は3段落を柱と考えました。3段落の最後に「体がまるっこいのは、寒い地方で生きていくのに、たいへん都合がよいことなのである。」とあるからです。

子ども（1班）私たちの班は、2段落を柱の段落と考えました。2段落の「体がまるっこく、体の出っ張り部分が少ない」ということを3段落はくわしく説明していて、4・5・6段落はホッキョクギツネなど例をあげているからです。

教師③　4・5・6段落は例をあげているということでいいですか。何段落の例になっていますか。

子ども　2段落です。

教師④　それでは、柱の段落は2段落か3段落ということになりますが、先程の3班の意見について意見はありますか。

子ども（7班）3段落の最後に書いてあることは2段落にもあって、3段落の方が2段落で述べたことをくわしく説明しているので、柱の段落は2段落です。

教師⑤　では、本文1の柱の段落は2段落ということでいいですね。次に、柱の文を決めます。2段落には2つの文がありますが、どちらの文が柱の文ですか。

子ども　②文です。

子ども　①文は「おもしろい関係がある」とあるけど、その内容は②文に書いてあるので、柱の文は②文です。

教師⑥　「おもしろい関係がある」と書いてあると、どんな効果がありますか。

子ども　内容を知りたくなる。

子ども　興味をもつ。

教師⑦　そうですね。では①文は②文の何になってますか。

子ども　前置き。

教師⑧　では、本文1の要約文は2段落の②文を使って書きます。

柱の段落（文）を見つけることと段落（文）と段落（文）の関係を見つけることが並行して行われる。そのため教師④のように、子どもの発言を整理して論点をはっきりさせることで発言が出やすくなる。

注

（1）阿部昇『授業づくりのための「説明的文章教材」の徹底批判』一九九六年、明治図書、39～40頁

（2）同50～51頁

【「言語活動」を生かした説明的文章の授業・徹底入門】

9　「言語活動」を生かして論説文を「吟味」「評価」する力を育てる授業
――「『鳥獣戯画』を読む」（高畑　勲）（小6）の工夫を吟味し評価する

熊谷　尚（秋田大学教育文化学部附属小学校）

1　「吟味」「評価」しながら読むことで文章の内容や書き手の表現意図が見えてくる

学習指導要領には、「吟味」「評価」に関連して次のような記述が見られる。

　目的に応じて文章の内容を的確に押さえて要旨をとらえたり、事実と感想、意見などとの関係を押さえ、自分の考えを明確にしながら読んだりすること。（小5・6「読むこと」）

　文章を読み比べるなどして、構成や展開、表現の仕方について評価すること。（中3「読むこと」）

　情報を鵜呑みにせず、その真偽や確度を批判的にとらえようとする態度は、様々な情報が氾濫する社会を生き抜く上でぜひとも必要なものである。国語科においては、文章を受動的に読んで内容を理解することに止まらず、その内容や論理性を吟味して評価するといった主体的な学習活動を設け、実生活に生きて働く言語能力の育成に取り組んでいきたい。

　科学的『読み』の授業研究会では、説明文の読みの指導を、「構造よみ」（構成・構造の読み）→「論理よみ」（論理・事柄の読み）→「吟味よみ」（吟味・評価の読み）の順序で進めていくことを提唱している。それまで読んできた構造分析と論理分析・総合に基づいて文章を「吟味」「評価」する過程が、「吟味よみ」である。「吟味」とは、「そのまま受け入れて良いかどうか念入りに調べること」である。そして「評価」とは、「物の価値や価格を（論じて）決めること」である（いずれも『新明解国語辞典』第六版による）。「評価」には、文章を正当に評価することと、文章を鋭く批判することの両面が含まれる。すなわち、文章の優れた点を評価することと、文章の不十分な点や問題点を指摘することである。

それまで読んできた文章をもう一度読み直して吟味することで、その文章の内容や書き手の表現意図などについての理解がより一層深まるとともに、新たな疑問が生まれたり十分に納得できない点が出てきたりして、発展的な調べ学習や本文をリライトする活動などへと子どもたちの学びが広がっていくことが期待される。このように、「吟味よみ」の過程は、子どもたちの主体的な読みの姿を引き出す可能性を持っているのである。

2 「『鳥獣戯画』を読む」を吟味・評価―教材研究―

説明的文章は、既に定説となっている事柄について、それを知らない人に向けて解き明かしていくタイプの「説明文」と、独自の仮説を提示し、それを論証していくタイプの「論説文」とに大きく分けられる。これまでの小・中学校の国語教科書に採用されていたのはほとんどが「説明文」だったが、現在使用されている教科書には「論説文」がいくつか散見される。「『鳥獣戯画』を読む」（光村図書『国語六』）は、その一つである。

筆者は、「火垂るの墓」などの作品で知られるアニメーション映画監督・高畑勲氏。平安時代末期に制作されたとされる国宝の絵巻物『鳥獣人物戯画』甲巻の有名な一場面、蛙と兎の相撲の場面を取り上げ、文章の題名にある通り、様々な視点から絵を読み、作品のすばらしさを論じている。絵と文章を対応させながらの解説と独自の解釈には、説得力がある。読み手の子どもたちは、「絵を読む」ことの面白さに引き込まれていくに違いない。では、高畑氏の文章がなぜ読み手の共感を誘うのであろうか。この稿では、高畑氏の文章の表現や構成の仕方に目を向け、その優れた点について私なりの評価を述べる。

(1) 臨場感あふれる表現

文章の冒頭は、いきなり「はっけよい、のこった。」という行司のかけ声から始まる。まるで目の前で本当に蛙と兎が相撲を取っているかのような書き出しである。

蛙が外掛け、すかさず兎は足をからめて返し技。その名はなんと、かわず掛け。おっと、蛙が兎の耳をがぶりとかんだ。

「すかさず」「なんと」「おっと」「がぶりと」など、実況中継さながらの言い回しには臨場感がある。体言止めを効果的に用いてたたみ掛けるように絵の世界を描写し、読み手を一気に惹き付けることに成功している。

この文章には、この部分以外にもややくだけた言い方の表現が随所に見られる。国宝の絵巻物の解説というと敷居が高いイメージがあるが、この文章にはそういった堅苦しさがあまり感じられない。「鳥獣戯画」についての知識がなくとも、文章の内容がすっと入ってくる。親しみやすい表現を多用しているのは、読み手が小学生であることを意識した筆者の配慮であろう。

(2) 読み手に語りかけるような表現

次は、第3段落から第4段落にかけての部分である。

ためしに、ぱっとページをめくってごらん。／どうだい。蛙が兎を投げ飛ばしたように動いて見えただろう。アニメの原理と同じだね。

「ページをめくってごらん」という筆者の呼びかけに応じてページをめくると、前のページと同じ位置に絵巻物の次の場面に当たる絵が配置されている。コマ送りの画像を見るように、アニメにも通じる絵巻物の場面転換の妙を読み手に感じ取らせようとする趣向である。こういったレイアウトの仕掛けも、広い意味での表現や構成の工夫と言える。読み手は、作品を目の前にしながら、「どうだい」「同じだね」と筆者がそばで絵の解説をしてくれているかのような感覚になるのではないだろうか。

(3) 根拠を明らかにした上で解釈を述べる論理構成

一つの絵をどう読むか。それには、決まった答えはない。見る者によって見方や感じ方、考え方が違って当然である。この文章は、高畑氏が自分なりの見方で「鳥獣戯画」を読み、独自の解釈・評価を述べたものであるが、下手をすると自身の解釈を押しつける形になってしまい、読み手の共感を得られずに終わってしまうことも考えられる。しかし、この文章はそうではない。むしろ、「なるほど、そういう解釈もあり得るだろうな。」という気にさせられる。（少なくとも私はそうであった。）それには、高畑氏の論理構成の上手さが関係しているのではないだろうか。例えば、第5段落である。

> もう少しくわしく絵を見てみよう。まず、兎を投げ飛ばした蛙の口から線が出ているのに気がついたかな。いったいこれはなんだろう。けむりかな、それとも息かな。ポーズだけでなく、目と口の描き方で、蛙の絵には、投げ飛ばしたとたんの激しい気合がこもっていることがわかるね。そう、きっとこれは、「ええい!」とか、「ゲロロッ」とか、気合の声なのではないか。まるで漫画のふき出しと同じようなことを、こんな昔からやっているのだ。
>
> (傍線は熊谷)

傍線の部分が高畑氏の解釈である。これを述べるに当たり、まずは「もう少しくわしく」と、絵の細部に目を向けていくことを読み手に予告し、「蛙の口から線が出ている」ことに着目させる。そして、「いったいこれはなんだろう」と問いかけ、「けむり」「息」など、様々な解釈の可能性があることを示唆している。その上で、自身の解釈の根拠となることを挙げている。一つは蛙の「ポーズ」、もう一つは蛙の「目と口の描き方」である。

読み手は、高畑氏の目の付け所を知った上で、「口の線」は「気合いの声」という高畑氏の解釈を、まさに絵と文章を行き来しながら吟味することになる。

この第5段落は、「問いかけ」→「可能性の示唆」→「根拠の提示」→「自分の解釈」という論理構成となっている。絵の解釈という、見る者によって千差万別の解釈が許されることを述べるに当たって、まずは多様な解釈の可能性があることを前提にしていること、そして、自身の解釈の根拠を一つではなく複数明示していること、そして最後に自身の解釈を述べていること、このような高畑氏の論理構成の工夫が、文章に説得力をもたらし、多くの読み手の共感を得られる理由の一つであると考える。

(4) 文章全体の構成

先にも触れたように、まず第1段落で取り上げた絵の情景を生き生きと描写してみせ、読み手を「鳥獣戯画」の世界に一気に引き込むとともに、絵の全体像を大まかにとらえさせている。そして、第2段落以降で次第に絵の細部に目を向けさせながら解説を加え、自身の解釈や評価を述べている。絵の全体像から絵の細部へと話題を展開する構成である。

また、第3段落には、絵巻物の出典に関わる解説が、第8段落には、絵巻物の歴史的価値やその意義についての解説がそれぞれ挿入されているが、これらはいわゆる序論として初めの部分に位置づけてもよい内容かもしれない。「鳥獣戯画」の概要を先に知らせておいてから本論に入っていくという構成も考えられよう。しかし、高畑氏はそうはしなかった。絵巻物の解説を長々とするよりも、「絵を読む」という本題にさっと入った方が、「鳥獣戯画」に初めて出会うであろう小学生に受け入れられやすいのではないかと考えた上での構成の工夫なのではないだろうか。

3 「『鳥獣戯画』を読む」でどういう力をつけるか
―教科内容

「『鳥獣戯画』を読む」の教材としての最大の特色は、絵と文章がセットになって連動しているという点である。文章だけを読んでもその内容を十分に理解することは難しい。絵と文章を行き来しながら読み、「鳥獣戯画」に対する筆者の解釈・評価を読み取ることが要求される。絵と文章という二つのテキストを対照しながらより深く内容を読み取ること、すなわち文章のような「連続型テキスト」と絵や写真、図表のような「非連続型テキスト」を幅広く読み、それらを関連付けて内容をよりよく理解する力を高める授業を構想したい。

また、この教材は「論説文」であり、そこで述べられていることは決して定説ではなく、あくまでも筆者の仮説である。最後の第9段落には、筆者がそれまで述べてきた「鳥獣戯画」に対する評価が「こんなに楽しく、とびきりモダン」「自由闊達」「人類の宝」などといった言葉に集約されてまとめられているが、このような高畑氏の意見は本当に妥当かどうか、自分としては納得できるかできないか等、内容面に関わる吟味・評価の姿勢も大事にしたい。筆者の意見をただ受動的に受け入れるのではなく、それに対する自分の考えを形成していく主体的で批評的な読みの姿勢を育てたいものである。そこで、次の3つの視点を重視して読みの授業を展開したい。

① 絵と文章を対照しながら、絵のどの部分と文章のどの部分とが対応しているのかを読み取る。
② 絵と文章を対照しながら、筆者が絵をどう解釈し

ているのか、「鳥獣戯画」という作品をどう価値付けているのか等を読み取り、筆者の考えの妥当性を吟味・評価する。

③ 自身の解釈や評価を論じる上で、筆者が表現や構成の仕方をどのように工夫しているかを考え、その効果（それが読み手にどのような印象を与えているか等）を吟味・評価する。

4 「言語活動」を生かして「『鳥獣戯画』を読む」を「吟味」「評価」する授業展開例

右で述べた三つの視点のうち、特に③を重視した「吟味」「評価」の授業展開例を紹介する。

二〇一三年七月二日（火）6時間目
秋田大学教育文化学部附属小学校
6年B組（男子15名、女子18名、計33名）
授業者　熊谷尚

〈ねらい〉第5・6段落を中心に読み、筆者は絵のどこに着目し、どのように解釈したのかを読み取るとともに、筆者の表現や構成の工夫について吟味・評価することができる。

まず、問いかけの文に目を付け、それに対する筆者自身の解釈がどこに書かれているかを全体で確認する。その後、筆者の解釈の根拠を絵や文章の中から探す。予想される反応は、次の通りである。

▽　第5段落

・いったいこれは何だろう。→　気合いの声

【根拠】　・蛙の「ポーズ」　・目と口の描き方

▽　第6段落

・なぜ、兎たちは笑っていたのだろうか。→あくまでも和気あいあいとした遊びだから。

【根拠】　・投げられた兎の目と口
　・前の絵の、応援していた兎たち

教師①　まずこの蛙のポーズを読んでみましょう。気合がこもっていますか、いませんか。どうでしょう。

子ども　足に力を入れているように見えるので、気合が入っていると思います。

子ども　ほかの蛙よりも口の開き方が大きいので、確かに声を出しているのだと思います。

子ども　ちょっと分かりにくいですが、向かい側に立っている蛙と目の描き方が違うと思います。

子ども Ａさんに付け足します。左の蛙の目は細くなっています。それに対して右の蛙の方は太いというか、ぱっと目を見開いていると思います。

子ども 体がそっている。というか、のけぞっている。

教師② なるほど、こういう感じだね。（教師が蛙のポーズをまねして）こういうの、見たことない。

子ども 見栄を切っている。歌舞伎みたい。

教師③ どうして見栄を切っているの。

子ども 相撲に勝って「どうだ。」と言っているから。

教師④ みなさんは、この線が「気合の声」だという筆者の考えに納得できますか。

子ども （口々に）納得できる。どちらかと言えば納得。

子ども ぼくは、気合というより、勝利の雄叫びという方が合っていると思います。

教師⑤ そういう見方もあるかもしれませんが、さっき「納得」と言った人たちに聞きます。どうして納得したの。

子ども 絵をよく見ると、確かに高畑さんの書いている通りだなあと思ったからです。

子ども 絵にちゃんと証拠があるからです。

教師⑥ なるほど。絵を見ながら文章を読むと、納得できるということですね。では今度は、文章の書き方に目を向けてみましょう。「こういう書き方をしているから納得できる」という点はないですか。

子ども 前の段落でも、「めくってごらん」のように読者に呼びかけて興味を惹く言い方をしていて、ここでもはじめに「絵をみてみよう」というふうに呼びかけているのがいいと思います。

子ども Ｂさんに付け足しで、読者に呼びかけることで、絵に注目を集めているのがいいと思います。

教師⑧ なるほど。呼びかける言い方ね。そのほかに、高畑さんが書き方の面で工夫しているなあと思う点はないですか。少し時間を取りますので、グループで話し合ってみて。3分間で。では始め。

――４人グループでの話合い――

教師⑨ どんな考えが出たかな。では○班からどうぞ。

子ども ただ気合の声と言われてもよく分からないけれど、「ええい！」とか「ゲロロッ」とか具体的に書いているから、伝わりやすいと思います。

教師⑩ 伝わりやすいとはどういうことかな。

子ども　本当にそう言っているみたいだなあと思えてくるというか…。

子ども　「〜がわかるね」と、念を押すように言っているので、「なるほど」と思えるのだと思います。

子ども　まず疑問を出して、読者に考えさせるように工夫をしていると思います。

子ども　○班に付け足しで、疑問に対して「けむりかな、息かな」と読者の予想みたいなことを書いてあるので、さらに興味が沸くと思います。

教師⑪　どうしてわざわざ予想みたいなことを書いたのかな。高畑さんは気合の声だと思っているのに。

子ども　予想ではなくて、いろいろな説があるということを言いたいのだと思います。

子ども　いろんな考えがあるということを読者に知らせているのだと思います。

子ども　まずは読者に考えてもらって、それから「自分はこう思います」と書いているので、読者が納得しやすいんじゃないかなと思います。

教師⑫　先に「気合いの声です」と書くのはだめなの。

子ども　だめではない。

子ども　でも、いきなり言われると、「ええ、そうかなあ」と反論が出るかもしれない。

子ども　「〜なのだ」ではなく、「〜なのではないか」という言い方の方がきつくないので、受け入れられやすいと思います。

子ども　高畑さんは、まず根拠を示してから、その後に「気合いの声なのではないか」と述べているので、納得しやすいのだと思います。

教師⑬　なるほど。自分の解釈を先に書くのと後に書くのとでは、読者が受ける印象が違ってくるということですね。

　では、第6段落の書き方はどうなっているか、見てみましょう。（以下省略）

【「言語活動」を生かした古典の授業・徹底入門】

10　「言語活動」を生かして「古典」「伝統的な言語文化」を読む力を育てる授業
――李白の詩の深層に迫る

児玉健太郎（京都府・立命館小学校）

1　古典における「読み方」の指導

古典の授業と言えば現代語訳を最終目標とした、語彙・文法指導中心の授業が思い出される。しかし、古典作品も現代の文学作品同様、その意味を深く読み取っていくことを目指す必要がある。

文学を読むのは、その作品の中にあるいわば人類普遍の真理・価値といったものを読むためである。これまでの自分の経験からできあがったものの見方・価値観とは違った価値観を、文学から読み取る。そして自分が変革される。教える相手が小学生だとしても、いやだからこそ、そうした文学体験を目指して授業を行うべきである。

これまでの自分自身の経験からできあがった価値観を、いわば組み替える。これは、単に自分のこれまでの経験を当てはめ、印象で読んでいくような読み方では不可能である。作品を一度突き放し、異化し、言葉を分析して読み取っていく方法・技術がなければならない。そうした読みの方法に自覚的になる必要がある。

古典を読む場合、使われる言葉・言葉遣いそのものがまず現代の自分たちとは異なる。文化的背景も違う。自分が経験したことのないようなできごと・事件がえがかれている。最初から異化された状態であると言える。しかし一方で、それが古典として現在まで残ってきたのは、その中に今の私たちにも生きる普遍的な何かがえがかれているからだ。

このように、古典文学を読むことは、作品を異化し分析する意識を持ちやすく、文学作品を読むことの神髄を味わわせてくれる可能性が高いのである。

勤務校の5・6年生では開校当初から国語の時間の中に古典の授業を位置づけてきた。今年度（平成二十五年度）の6年生は、現代文を扱う「国語」と「古典」とを並行して進める。お互いを関連づけて授業することによって、古典文学も現代文学と同じように、書かれた言葉から書かれていない深い意味を論理的・分析的に読み解いていけると印象づけることができる。

私は、年度当初に現代文学として現代詩を、古典文学として漢詩を取り上げることにしている。どちらも「詩の読み方」を教えることになる。詩という文学形式は作品全体が短く、その作品中の言葉全体を見渡した分析が子どもでも比較的容易だ。

現代文学の指導と関連づけて古典を文学として読ませていく入門期には、とりわけ漢詩が適している。現代詩と漢詩は、時代的にも地域・文化的にも大きく隔たっているると言える。漢詩は古典文学の中でも特に現代文学との隔たりを強く感じるものである。しかし一方で現代の私たちにも通じる普遍性を持つが故に、古典として残ってきた。だからこそ、現代文学と同様、学んだ「読み方」を使うことで古典文学も深く読み取れることを強く印象づけることができる。

詩の読み方という観点では、詩を読むときに当てはめる構成「起承転結」がそもそも漢詩の構成法として考えられていることも、古典を文学として深く読む入門として漢詩が適している理由である。

その後の古典文学の学習も、学んだ「読み方」を使って子どもたち自身が主体的に取り組んでいくことになる。子どもたちが「読み方」を身につけていればこそ、その言語活動はより豊かなものになる。

2　言語活動のねらい

「読み方」の指導は、学習集団を使った子ども相互の読みの交流の中で行われるべきだ。まず自分の考えを持つ。それを少人数の班で交流し、深める。班で深められた意見は学級全体の場で発表され、検討される。その中で、子ども一人一人の読みはお互いにより実感的に理解されていく。

班・学級での意見交流・討論では、次の三点を意識させる。

① 順番を守る。（話す順番・聴く順番）
② 人の「意見」は批判・否定して良い。「人そのもの」は批判・否定してはならない
③ 意見は変えて良い。

休憩時間のおしゃべりとは違う。右の三点は、考えを交流し、よりよいものを創造し、自分が変化・成長するための約束である。

班の班長は指名して、順次全員に経験させる。班長の役割は特に①の「順番」を決め、守らせることだ。

授業におけるこうした言語活動で、「読み方」だけではなく、意見交流・討論の仕方も学ぶことになる。

3 「静夜の思ひ」の教材研究

李白「静夜の思ひ」を取り上げる。同時期の国語では黒田三郎「紙風船」という現代詩を指導している。どちらも同じ「詩の読み方」を指導する。「教材を学ぶ」のではなく、「教材で学ぶ」という意識を持たせる。

子どもたちの様々な発言に対応するためには深い教材研究が欠かせない。その中で、子どもに指導すべき事項を明確にしておく必要がある。

静夜の思ひ　李白
〈起〉牀前《しやうぜん》月光を看《み》る
〈承〉疑《うたが》ふらくは是《こ》れ地上の霜かと
〈転〉頭《かうべ》を挙《あ》げて山月《さんげつ》を望《のぞ》み
〈結〉頭《かうべ》を低《た》れて故郷を思ふ
※行頭の〈起〉〈承〉〈転〉〈結〉は筆者による。

〔現代語訳〕寝台の前にさし込む月の光を見て、地に降りた霜かと思った。頭を挙げては山上の月を仰ぎ、頭を垂れては故郷のことを思いつづける。
（新釈漢文体系19『唐詩選』目加田誠著、明治書院刊）

五言絶句である。李白は一生を旅のうちに過ごした中国唐代の詩人である。絶句に優れ、詩仙と称せられた。

まず第一段階で構成を読む。詩の構成を「起承転結」で読み取るが、漢詩の場合、前述の通りすでにそれは決まっている。よって転句で何が変化しているのかを読み取る。

ア　話者の視線が、屋内（下向き）から屋外（上向き）へと変化している。

イ　話者の見ているものが、近景から遠景へと変化している。
ウ　話者の動作が、静から動へと変化している。
エ　表現技法が、直喩から対句へと変化している。

転句での変化を読み取ることで、表面的にあらすじとして捉えていた詩の大まかな意味が、より明確なイメージを伴って深く捉えられるようになる。多くの場合、表現技法にもこの段階で気づくことができる。

第二段階で表現技法を中心に言葉の形象を深く読み取っていく。この漢詩の表現技法としては、承句の「直喩」と転句・結句の「対句」とが挙げられる。国語で並行して指導する「紙風船」でも、直喩の読み方が中心的な指導事項となっている。直喩の読み方を古典でも反復して学習することになる。

承句で「月光」が「地上の霜」に喩えられている。喩えの関係にある二つのものの性質を考え、共通点・類似点を捉えることになる。まず喩えるものである「地上の霜」の性質・特徴を考える。

ア　真っ白いものである。
イ　輝いており、美しいものである。
ウ　広い範囲、一面に降りる。
エ　冬の明け方・早朝にできる冷たいものである。

では、こうした「地上の霜」の性質・特徴と類似する、「月光」の性質・特徴を考えてみよう。

オ　アと同様、「月光」も寝台そばの床を真っ白に照らしている。
カ　イと同様、「月光」も床を光り輝かせ、美しい。
キ　ウと同様、「月光」も床一面を広く照らしている。

このような「月光」の読みから、さらに次のようなことが読める。二次形象である。

ク　オ・カから、「月光」の光はかなり強い。つまり、この月は満月である。
ケ　キから、夜に窓あるいは扉がいっぱいに開け放たれている。そうでなければ、霜のように床一面が白く照らされることはない。よって、季節は冬ではない。寒い時期ではなく、暖かい時期である。
コ　キから、この満月は空の低い位置にある。そうでなければ、屋内の床一面を照らすように光がさし込むことができない。満月の出入り・運行を考えると、それは宵のうちか夜明け前と言うことになる。ここでは夜明け前と読むのが良い。夜明け前に目が覚めてしまった話者は、まだ覚醒せぬ意識で、月光を霜と見紛うたのである。

ここまで読むと、この直喩に対して疑問がわくはずだ。なぜ、夜寝る時に窓や戸を開け放しておけるような暖かい時期に、話者は冷たく寒いイメージを強く持つ「霜」として「月光」を見てしまい、そう喩えたのだろうか。こうした表現上のひっかかり、違和感に敏感になることもまた、読みの力である。

この時の話者には、本来美しく輝いていると感じるべき「月光」が、冷たく寒々としたものに見えてしまったのである。現実の月光にそうした冷たさが物理的に存在するはずはない。ということは、それは見ている話者自身の中にある、言わば心の中の冷たく寒々とした何かが投影されているということだ。

それはつまり、旅中の寂しさ・不安・辛さ・孤独感といった心情であろう。話者はまさに寝ても覚めても、心中に深い孤独感を抱えて過ごしている。

転句・結句は対句になっている。対句は対比と類比で読む。ここでは転句の「山月」、結句の「故郷」を対比・類比する。

（対比）ア　「山月」は今目に見え、「故郷」は今目に見えない。
イ　「山月」は近くにあり、「故郷」は遠くにある。
ウ　「山月」は自然であり変化せず、「故郷」は人事であり変化する。
（類比）エ　どちらも美しいものである。
オ　どちらも心惹かれるものである。

どちらも話者にとって心惹かれる美しいものであるが、「山月」は今目の前にあり見ることができ、「故郷」は今目の前になく見ることができない。しかも、「山月」はいつまでも変わらずにある自然であるが、「故郷」は変化する人事、すなわち人間関係がその根底にある。ある場所が「故郷」なのではない。そこにいる家族・親類・友人などとの人間関係やそれにまつわる記憶こそが「故郷」の本質である。「故郷」を遠く離れた話者にとって、「故郷」を形作る親しき人々の安否こそが深い不安と孤独の本質であろう。「故郷」は変化し、いつ失われるか分からぬ存在である。

4　教材に即した指導例

二〇一三年四月二三日（木）４時間目
立命館小学校
６年Ｓ組（男子14名・女子15名　計29名）
授業者　児玉健太郎

教材　李白「静夜の思ひ」

【表現技法「直喩」の読みの部分】

教師①　この直喩は何を何に喩えていますか。

子ども　「月光」を「地上の霜」に喩えています。

教師②　喩えであるこの二つのものの間には、どんな関係がありますか。この二つのものは、どうだと言えますか。

子ども　似ている部分があります。類似している。

教師③　類似の関係、類比の関係がありますね。二つのものの間の似ているところを考えることが比喩を読むと言うことでした。

現代詩『紙風船』で学習した直喩（比喩）の読み取り方を思い出させ、関連を示している。

教師④　まず喩えるもの「地上の霜」の性質を考えます。「霜」はどんなものでしょう。

子ども　白いもの、真っ白いものです。／雪のように冷たいです。／冬にできるものです。／細かいです。／薄いものです。／きれいなもの、美しいものです。／少し固いです。／水滴です。／溶けます。

教師⑤　今、出てきた意見に対して、疑問や反論はありますか。

子ども　「少し固い」と「溶ける」という意見が出ているから、霜は柔らかくはないけれども、固いというのも違うと思います。

子ども　「固い」というと氷のことのようで、「霜」は違うと思います。

教師⑥　固いという言葉は「霜」にはイメージが合わないということですか。

子ども　はい。

子ども　「薄い」というのもおかしいと思います。

子ども　おかしくはないと思います。うっすらとしていて、雪が積もるように分厚くはないということです。

教師⑦　「霜」は、薄く一面に降りるというイメージでいいですか。

子ども　はい。

子ども　「水滴」も違うと思います。「霜」はもう水滴ではないと思います。

子どもの意見を子どもに批判させ、絞り込んでいく。要所要所で教師がまとめたり確認したりするが、子ども達同士の相互批判を重視する。

教師⑧　今、出てきたような性質を持つ「地上の霜」に「月光」はどこか似ていると、この漢詩では捉えられているはずです。類比してください。ノートに書きましょう。二分間とります。

教師⑨　二分たちました。班になって交流しましょう。三つの約束を守って班長中心に五分間話し合います。

教師⑩　（五分後）それでは発表してください。

子ども　「月光」もうっすらしているところが似ていると思います。／「月光」も美しいです。／月の光がうつしてあるので、薄くなります。／「月光」も霜のように真っ白で美しいです。／「月光」も、太陽のように熱くなく、冷たいような光です。／「月光」もぼんやり、うっすらした光です。／「月光」も白っぽいです。

教師⑪　「薄い」「うっすら」というイメージが混乱しているようです。これは色や光が薄いというのではなく、一面に薄く広がっているイメージでしたね。

子ども　はい。

教師⑫　「月光」が床にさして、「霜」かと思うほど一面に真っ白いのですから、光の強さは？

子ども　強いです。

教師⑬　それだけ強い光ということは、この月は？

子ども　満月です。

教師⑭　そうですね。例えば半月や三日月では強い光になりません。そこまで読むべきですね。比喩を読めば、書いて無いけれど、そう読めます。

光はどこから差し　ていますか。

子ども　窓や戸。

教師⑮　窓や戸は今どうなっていますか？

子ども　開いています。

教師⑯　そうですね。ガラスのない時代ですから。ということは、季節としていつではない？

子ども　冬ではない。

教師⑰　冬ではないのに、なぜ話者は「霜」をイメージしたのでしょう。なぜ「冷たい」イメージの「霜」に喩えたのでしょう。

人が、あるものをどう見るかということは、その人の気持ちや置かれた状況によって変わってきますよね。例えば道に咲いた花を見て、「花が咲いている」と見る人もいれば、「花が笑いかけている」と見る人もいるかもしれない。この「月光」のばあいはどうか。

ちょっと話し合ってみましょう。（二分話し合う。）

子ども　最後に「故郷を思ふ」とあります。話者の「故郷」が、「霜」が降りるような寒いところなのだと思います。

子ども　「故郷」のことを思って、悲しくなって、心が冷たくなって、だから「霜」に見えていると思います。

教師⑱　本来、美しく光り輝いて見えるはずの「月光」が冷たい「霜」に見えてしまったのです。そう見えてしまった話者の心の中の冷たいもの、つまり悲しみ・寂しさ・苦しさ・孤独感などが読み取れるでしょう。これは皆さんが言うように、最後の「頭を低れて故郷を思ふ」の読みとつながっていきますね。

一人でまず自分の読みを創り、班で交流・検討し、クラス全体で読み深めていくという手順が大切だ。後半は問答形式で比喩を読み深めていった。

入門期であり、直喩の一次形象は子どもにかなり任せながら読み取っていったが、二次形象については教師⑫～教師⑰のように教師が読みを主導した。最後に子どもたちが捉えた話者の心情の冷たさは、この後の対句の読みとりでさらに深まっていくはずである。

Ⅱ　若い教師のための国語の授業スキルアップ　六つの入門講座

1　子どもたちの気持ちをつかみ「やる気」を引き出す国語授業「導入」のスキル

建石哲男（神奈川県川崎市立川崎総合科学高等学校）

子どもたちの実態に合わせた「導入」で、「国語の授業」という空間に子どもたちを導きたい。

1　声を出すことによって集中をうながす導入

今日学習することを子どもたちにはっきり確認させて授業を開始するための一斉読。授業開始の前に、例えば下記のように板書をしておく。黒板の右端に書く（国語係や学習リーダーに板書させておいてもいい）。

> 文学作品―小説
> やまなし　　　宮沢賢治
> 2　展開部の形象よみ

教師は、手で板書を指し示しながら一斉読をさせていく。少しずつ手をずらしながら、リードする。ポイントは、①子どもたちの方を向いて、全員が授業に参加する状況になっているのか確認しながら声を出させていく。②ポイントとなる箇所で一斉読を止めて切れ目を作る（たとえば「宮沢賢治」の直前）。③子どもたちの読むスピードよりもやや早目に手を動かす―などである。

教師①　はい！（手を「やまなし」の「や」の横にあて子どもたちを見ながら）／黒板を見ていない人がまだ三人かな。／今日の学習は……（手を「やまなし」の字にそってずらしていく。）

子どもたち　「やまなし」
教師②　あれ、まだ参加してない人がいるね。もう一度！
子どもたち　「やまなし」
教師③　作者は……（手を「宮沢賢治」にそってずらしていく。）
子どもたち　「宮沢賢治」
教師④　この人は是非覚えておいてほしいので、もう一度。
子どもたち　「宮沢賢治」
教師⑤　漢字で書けるようにしておこうね。テストに出るかもしれないよ。

惰性で読ませずに「先生が指し示す箇所を読むのだ」ということに慣れさせる意味もある。授業で教師に視線を集中させる訓練という側面もある。

それは「全員がきちんと先生の指導に従いながら国語の授業を進める」という教室を作り出すことにつながる。

2　導入の音読で子どもたちの興味をうながす

導入の音読にも様々な方法がある。ぜひレパートリーを増やして使い分けてほしい。

①全員一文交代読み

学級全員で一文ごとに交代しながら音読させる方法である。一人の子どもがその場で立って一文を読むと、次の子どもが続いて立って次の一文を読む。この時、姿勢と声量を意識させる。次の人は自分が読む少し前に立って待つようにさせる。全員に音読が回らないような短い教材の場合は二～三回繰り返して全員に声を出させる。

②グループ一文交代読み（マル読み）

グループ内で一文ごとに交代しながら音読させる方法である。グループ内で、一人の子どもが一文を読むと、次の子どもが次の一文を読む。この時、声が小さくなりすぎないように指導する。たとえば「隣のグループまで聞こえるように読もう」などの指示を出す。

③グループ読み

学級全体で音読するのだが、はじめのグループが声をそろえて一文を読む。続いて次のグループが声をそろえて読む。―という形で途切れないように音読をさせていく。声をそろえようとして独特のゆっくりとした「教室節」になってしまうことがあるが、一人で音読をする時のようなテンポとトーンで読ませたい。

④たけのこ読み（タケノコのように、にょきにょきと子どもが立つ）

子どもが自分が音読したい箇所に来たら、その場に立って音読する方法である。一番早く立った子ども一人が読むという場合と、複数になっても読みたい子ども全員が声をそろえて読むという場合とがある。誰も立たない時は教師がそこを読むのだが、「そういう箇所が出たら先生の勝ち！」などと挑発しながら音読をうながす。

⑤スラスラ読み（いっしょ読み・共読み）

教師の早目の音読と一緒になって子どもたち全員が音読していく方法。子どもたちには、頑張って教師のスピードについて読み続けられるように励ます。ゆっくりから、だんだんとスピードを上げていくことがポイントである。古文に慣れさせたりリズムをつかませるのにも有効な方法である。

⑥追い読み

一文や長い文は読点毎に、教師の読みに続いて音読させていく方法。ポイントは子どもたちが読み終えるほんのちょっと前に教師は読み始めて、テンポとリズムをつくっていくことである。

⑦完璧読み（長い小説教材は不向き）

一文ずつ最後まで間違えず、しかもつっかえずに読み通すことを求める音読である。さきほどの「全員一文交代読み」をさせてもいいし、「グループ読み」でさせてもよい。グループの場合は、対抗で行うこともできる。

新しい教材の音読の前には、必ず私がゆっくりめに範読して、読めない漢字にルビを振らせている。

また「今日は○○読みするよ。さぁ、最後までいけるかな。頑張ってみよう！」など楽しい雰囲気と励ましで始め、読んだ後には次につながるような具体的な評価をすることを大切にしている。

3　もう一つの導入のための音読・朗読

①なりきり音読「あ」

「あー！」ってどんな時に出る声かを、子どもにたくさん出させる。「びっくりした時」「はっと思い出した時」「怒った時」「ため息の時」「眠い時」「不思議だなと思った時」「頑張ろうって気合い入れる時」などたくさん出てくる。「それがよく感じられるようにみんなで声を出してみよう。」と指示する。一斉に声を出させたり、一人ずつ声を出させたりする。「あ」だけでもいろいろな声を出せることがわかり、一音に思いを込める練習になるので、詩の群読指導の導入などによく行う指導である。

② なりきり朗読「のはらうた」

二〇一二年の科学的『読み』の授業研究会・夏の大会で、詩人の工藤直子氏が講演の中で、様々なバリエーションの朗読をしてくださった。「十五歳の女性のかまきりになって」「八十九歳のおじいさんのかまきりになって」など、様々な語り手を設定しながら工藤氏の詩「おれはかまきり」を工藤氏自身が朗読してくださった。それを教室の音読指導に応用している。小学生だけでなく、中学生でも高校生でもおもしろがって声を出す。

「おれはかまきり」だけでなく、工藤直子氏の詩集『のはらうた』の中から一つ詩を選んでプリントし、「今日はこの『〇〇〇〇〇』が『反抗期まっただなかの中学2年生』という設定で読んでみましょう」などと指示をする（時間がとれれば設定を各々に考えさせる）。例えば、二人ペアで朗読を聴きあいながらさせて、最後に何人かに発表させる。

声を出すことは、それ自体が人間にとって大きな喜びである。様々な仕掛けで、子どもたちに声を出すことの喜び、声を重ねることの喜びを実感させたい。

4 落ち着きのないクラスには「なぞり書き」が有効

四月の段階で落ち着きがないクラスを担当することがある。そういう場合、授業の最初の五分間で「なぞり書き」の指導を行う。

少し下の学年の教科書を拡大プリントしたものや、百人一首などを使用している。「このなぞり書きタイムの間は話さないこと」「姿勢をよくして、集中して取り組むこと」「取りかかっているプリントが終わったら黙って次のプリントを取りに来ること」と指示して行う。

毎時間それをファイルに綴じさせていく。ファイルは定期的に集めて、どのような「なぞり書き」なっているかをチェックし指導する。書くのが早すぎる子どもには「ゆっくりでいいのでもう少し丁寧に」、逆に遅すぎる子どもには「もうちょっとペースアップ！」などの助言をする。「奥の細道」を順番に書かせる際には、たとえば「日光到着！」「もうすぐ平泉だ」などと書き入れ励ます。また、きちんと終わったプリントには学習シールを貼って評価する（そのときにプリントが終わりそうな者には次のプリントを挟んでいる）。

これを行うことで、落ちつきのないクラスにもだんだんと、「国語の授業の雰囲気」が出てくる。

5　速読練習入門―黙読の指導

黙読させる際に、長文をもう少し子どもが早く読めるようになるといいなと感じることも多い。そういった時には一カ月程度、ストップウォッチを手に、速読トレーニングを行う。トレーニング時間は三十秒から三分くらいである。

黙読が特に遅い子どもの特徴は、①小さい声を出しながら読んでいる、②声は出ていないが口が動いている、③指で追いながら読んでいる、④自分の首が一行ごとに上下している―などの傾向がある。まずは、それをしないで黙読するように指導する。そして、今黙読している箇所よりほんの少し先を意識しながら読むように指導する。

速読効果を上げるために、さらに「線を目で追う」といった目を鍛えるためのトレーニングも行う。それにより認知視野が広がる。「同じ数字を早く見つける」というったトレーニングもある。いずれもゲーム感覚で行える。このトレーニングを一カ月程度行い、実施前と実施後で三分間で黙読できる文字数を高校生で調査したことがある。平均文字数が二割程度増えていた。

これについては、松田真澄『らくらく速読ナビ』（日本実業出版社）がお奨めである。

6　日本語に興味をもたせる

国語の導入として、普段何気なく使っている日本語というものを改めて考え直すきっかけを与えるという方法もある。

(1)　四字熟語　慣用句

『ちびまるこちゃんの慣用句教室』『ちびまるこちゃん四字熟語教室』（さくらももこ他、集英社）から三個程度の言葉を毎回選び、その四コマ漫画の中の該当する言葉を消して並べ、その消した箇所にあてはまる言葉を考えさせる指導をしている。難しい場合は、選択肢を作り、そこから選ばせることもある。また、その言葉を使った例文作りをさせることもできる。

(2) 外来語はお洒落?

英語の「ショッピング」に対応する日本語は何かと子どもに聞くと、すぐ「買い物」と答える。そこで「本当に同じ意味なのかな、どんなものをどんなところで買うときに使うか考えてみよう!」と指示する。すると「八百屋にショッピングは言わない」「ちょっとお洒落な雰囲気や語感」に気づく。 さらに日本語と対応していそうで、ちょっとおしゃれな雰囲気をカタカナ語を使うことで感じさせている言葉を探させてみる。「果物、フルーツ」「お菓子、スィーツ」「喫茶店、カフェ」「洋品店、ブティック」「食堂、レストラン」「昼ご飯、ランチ」などが見つかる。

また和製英語や四つ仮名の問題など、国語学的なテーマも子どもは興味を持ちやすい。「こそあど」の使い分けも、実際の距離によっての使い分けという基本的な原則の他にも、大きな富士山を車窓から見て「これが富士山ですか」その麓の校舎をさして「あれが私の学校です」「このテレビが買ったばかりの新しいやつだね」「あのスイッチは何?」などといった、心理的な大きさや距離感によっても使い分けていることや、「私の友人に建石さんという先生がいてね」「その人はどこの学校の先生?」(「その」は未知を指し、「あの」は既知)など、すこし特殊な例を考えさせるのも興味関心を高める。

「バスに困った人がいた」と「バスに困っている人がいた」の意味の違いや、家族の中での呼称(妻のことを「おかあさん」上の娘を「おねえちゃん」と呼んだりするのは一番小さい子どもからの視点にたっていること)なども生徒と一緒に考えてみると、へぇーという感じで子どもが乗ってくる。

また、数えかたについても、たとえば「枚」と数えるものをたくさんださせ(皿、紙、板など)、次にその共通する要素(薄くて平べったいもの)を考えさせる。また動物も「頭」と数える動物と「匹」と数える動物の境目はどこかと考えてみるのも面白い。物の変わった数え方について調べさせ、その発表をさせることも導入としておもしろい。

2　国語の授業で生きる「指名」「机間指導」のスキル

加藤　辰雄（愛知県立大学）

1　学習のねらいや活動によって指名方法を変える

授業を成立させるための基礎技術の一つに「指名」がある。「指名」は授業における発言者を特定する教師の指示である。教師の問いかけや発問に対して、発言者を特定することで学級全体の学習をより有意義なもの、有益なものにするために必要なものである。

授業中における指名の方法には、次の六つがある。

(1)　教師の発問に対して挙手をさせ、手を挙げた何人かの子どもの中の一人を指名する方法

この方法は、指名の基本形で、一般的に行われているものである。子どもに挙手させることにより、発問に対する子どもの反応具合や理解度を把握することができるからである。また、発問について子どもが考える時間を教師が自在にコントロールすることもできる。すぐに、手を挙げた何人かの子どもの中から一人を指名するのではなく、挙手が増えるまで指名するのをしばらく待って、子どもがじっくり考えることができるようにする。

しかし、問題点として積極的に挙手をする子どもばかりが活躍し、わかっていても挙手をしない消極的な子どもが傍観者になることが挙げられる。また、授業において本当に学習意欲を引き出し主体的に学習に取り組ませたい遅れがちな子ども放置しがちになる。

この方法は、全員が積極的に発言できるという状況が作られる前の学級では、限定的に使った方がよい。

(2) 列ごとに順番に指名する方法

この方法は、子どもに教材文を音読させたり、前の授業の復習や答え合わせをしたり、誰でも答えられるような簡単な質問において活用したりする。教材文の音読のときには、列ごとに前の席から順番に子どもを指名して一文ずつ、ある程度のまとまりごとに、段落ごとにというように読ませていく。

この方法は、教師主導で順番に発言機会が決まるので、より多くの子どもに発言させることができるよさがある。しかし、問題点もある。指名されて自分の発言が終わってしまえば、もう指名されることはないという気持ちの緩みが生まれて、緊張感がなくなりがちになる。

(3) 子どもが別の子どもを指名する方法

この方法は、子どもたちが自分たちで授業を作り上げていくという意味で積極的な意味をもつ。教師待ちでなく、子どもが次の授業を展開していくのである。グループごとの話し合いなどの場合は、グループを指名することもある。

優れた方法だが、どの子ども、どのグループも積極的に発言できない状況では、特定の子どもやグループだけが発言する授業になる。また、子どもには、授業全体の流れが読めないことがある。また、その授業ではどういう発見が生み出されるのかの予測や、その授業でどういう力をつけていけばいいのかを把握することは、難しい。だから、子ども指名がうまくいっているように見えたとしても、ある段階からは教師が指名するという次の(4)に移行する必要がある。

(4) 子どもの状況を把握して意図的に指名する方法

この方法は、学級全体の学習が豊かなものになり、全員参加の授業を実現しやすい。子どもの状況を把握するためには、後述する教師の机間指導やノート指導が必要である。

机間指導によって学級全体の状況、各グループの状況、一人ひとりの子どもの状況を把握する。また、ノート指導を通して、一人ひとりの子どもが課題についての自分の考えをノートに書いてまとめられているかどうか、どういう書き方をしているかを把握する。

その上で、どの考えとどの考えをぶつければ、学習内容が深められるかを判断する。そして、その瞬間その瞬間で最も望ましい指名を行う。

学習内容を深められるようにするためには、発言の順番は大切である。より質の高い発言があまりにも早いと、次の子どもの発言が生きてこない場合がある。そういったものからは遠い意見をもっている子どもから指名し、だんだんと近いものへと指名するようにするという手法がある。もちろん課題追究はそのパターンだけでは限界がある。質の高い発言をあえてはじめに出させ、それを対象化しつつ、さらに深い読みに導くことが有効な場合もある。このとき、教師は子どもの発言をきちんと把握し、必要に応じて板書することが求められる。そして、どの発言も位置づけ生かすことができるように努力することが必要である。様々な意見が交錯し、一致したり、重なったり、ずれたり、対立したりすることが課題追究では、大切であることを指導するようにする。

討論を組み立てる際には、特に指名は重要である。例えば「大造じいさんとガン」のクライマックスを見つける学習の場面で、Aの「残雪とハヤブサがはげしく闘っているところ」という考えに対して、Bの「大造じいさんは強く心を打たれ、ただの鳥に対しているような気がしなかった。」という考えをぶつけ、この物語では何が事件なのかを考えさせるようにする場合などは、指名の順番が重要な意味をもつ。

一度ノートに簡単なメモや文を書かせてから答えさせる方法もある。その場合、すぐ考えを書くことができる子どももいれば、なかなか考えを書くことができない子どももいる。その時間差を教師は十分配慮する必要がある。教師の発問に対して、いつでも自分の考えをノートに書くのではなく、重要な発問やポイントになる発問のときに、ノートに自分の考えを書かせるようにするなど限定的に活用するようにする。

(5) 発言のあった考えに対して賛成か反対かの立場を明らかにさせて指名する方法

この方法は、一人の発言に対して、みんなが賛成か反対かの立場を明らかにすることによって、学級全体が考えざるを得ない状況をつくることができる。それにより互いに意欲的に考え合うことができるようになる。

例えば、「モチモチの木」の学習で、一人の子どもが豆太は臆病であると発言する。この考えに対して、教師は「賛成の人」「反対の人」と子どもに問いかけ、立場を明らかにさせる。そして、根拠を挙げながら賛成の立場、反対の立場からどんどん発言させて、豆太の人物像を読み深めていく。

しかし、この方法は、話し合うだけの価値がある場合に限られる。

(6) 指名なしで自由に発表させる方法

授業では、なんと言ってもテンポが大切である。授業をだらだらと展開していると緊張感がなくなり、集中力の高い授業にはならない。教師に指名されてから発言するのが基本ではあるが、授業の場面によっては指名なしで自由に発言させることも必要である。発問について自分の考えを気軽に次々とテンポよく発言することによってたくさんの発言を引き出すことができる。また、授業にリズムが生まれ、授業への集中度が高まる。

例えば、「スイミー」の導入部に書かれている「みんな赤いのに一ぴきだけは、からす貝よりもまっくろ。」からスイミーの人物像を読み取る学習では、「〈みんな〉と〈一ぴき〉を比べていて、〈一ぴき〉が目立っている」「〈まっくろ〉は〈くろ〉よりも黒い」などの発言が次々と出てくる。

しかし、この方法はよく発言する子どもに発言が限定されがちになったり、いろいろな発言がたくさん出てくるので、子どもの発言を教師が整理しなければならなくなったりする問題点がある。

(1)～(6)で述べたように授業における指名の方法には、いろいろある。どの指名方法を用いるかは、学習のねらいや活動内容によって決めることが大切である。それぞれの指名方法の長所と短所を理解し、授業の中でいろいろ組み合わせて活用するとよいだろう。

2　机間指導で学習状況を点検、診断、観察する

一斉指導だけでは子ども一人ひとりの反応までは確かめにくい。それを補うためには机間指導が大切である。一斉指導では、机間指導をうまく組み合わせることによって授業の効率を高めていくことができるのである。

では、どのような場面で机間指導をすればよいのだろうか。それは、次の五つである。

(1)一斉指導による弱点を補うために机間を回って一人ひとりの子どもの学習状況を把握し指導する

一斉指導では、わかる子どもとわからない子どもが出てくる。そこで、子どもが授業についてきているか、つまずいているところはないかを机間指導で確かめる。

例えば、国語辞典の引き方の学習で「ねる」という言葉をさがす場面で学級全体を大まかに見て回り、学習状況を把握する。そして、さがし方がわからないでつまずいている子どもに対しては、①まず、一字めの「ね」をさがす。②次に、二字めの「る」をさがす。「ねらい、ねらう。……」をさがしていくと、「ねる」が見つかることを個別に助言する。

(2)教師の指示した作業行動がとれているかを確かめる

教師による観察が必要になるのは、子どもが何らかの作業学習をしている場合である。教師の指示した作業行動が子どもに理解され、その指示通りに進められているかどうか、その点検をする。

子どもの作業が、指示通りに進められていれば、教師は「うまくいっているね。このまま続けていこう」「作業をがんばっているね。この調子でがんばろう」などと励ましの言葉かけをする。

子どもの作業が指示通りに進んでいなければ、誤りを指摘したり、軌道を修正したりするよう言葉かけをする。

(3)一人ひとりの子どもの考えを把握し学級全体の思考の傾向を把握する

机間指導によって誰がどのような考えをもっているかを把握したら、どの考えとどの考えを取り上げて比較させるかという選択をする。その際に、「この考えはいいね。君に発表してもらうよ」と声をかけ、その子どもに心の準備をさせる、また、「なぜ、そのように考えるのか」も尋ねておくようにする。

例えば、「ごんぎつね」の学習で、「……ごんを、ドンとうちました。ごんは、ばたりとたおれました。兵十はかけよってきました」を読ませ、「そのとき、兵十は何を考えましたか?ノートに書きなさい」と発問し指示する。

教師は机間を回って一人ひとりの子どものノートの内容を把握する。「ごんがどうなったかを考えた」「ごんが死んだかどうかを考えた」「うちの中が荒らされていないかを考えた」などの考えが書かれている。

ここでは、ノートに書かれた様々な考えを比較し、集団思考させることによって学習内容を豊かに深めるようにする。

(4) ドリル的学習の場面で一人ひとりの子どもの学習状況を観察し励ます

ドリル的学習は、同じことを繰り返し練習し、基礎学力をしっかり定着させるために行われる。そのため、一人ひとりの学習状況をしっかり把握する。

例えば、平仮名、片仮名、漢字の文字指導の場面では、机間指導で書き順が正しいか、形は整っているかなどを点検する。そして、「うまく書けているね」と声をかけたり、赤ペンで丸付けをしたりして子どもをほめるようにする。そのことが子どもの学習意欲を高めることにつながる。

(5) 学習グループで話し合いがスムーズに進むように指導したり学習グループの考えを把握したりする

教師が課題についてグループで話し合うように指示をしても、うまく進まないことがある。同じ子どもばかりが発言するときには、司会者にグループ全員に発言させるように指導する。グループのメンバーが自分の考えがまとまらず発言できないときには、司会者が真っ先に自分の考えを言ってみて、その考えについてどう思うかをメンバーに尋ねるように指導する。

話し合いが不十分なままに終わりそうな場合は、時間を延長してしっかり話し合いを行わせる。グループの考えがまとまったら、教師は机間指導で把握した各グループの考えをどのように組み合わせてグループ対グループの討論を仕組むかを考える。例えば「ごんぎつね」のクライマックスを見つける学習の場面では、根拠を示しながらグループの討論をさせる。

(1)~(5)で述べたように机間指導はいろいろな状況で行うが、個人やグループに個別作業を指示した時間内に終わらせることが大切である。短時間に的確にずばりと指導するようにする。

3　国語の授業で子どもの意見が次々と出てくる「発問」「助言」のスキル

柳田良雄（千葉県松戸市立金ヶ作小学校）

1　「発問」と「助言」の違いは何か

はじめに、「発問」と「助言」の違いについて確認しておく。発問は「立てる」といわれる。授業前に子どもたちの実態を考えて「このように問えば、おそらくこのように答えるだろう」とか「問われることで解釈の食い違いが生じ、討論になるだろう」などと予想して設定するのが発問である。これに対して助言は「打つ」といわれる。準備した発問に対して不十分な答えしか出されないようなときに、助言を打って子どもの思考を助けるのである。

しかし助言を打たないで、すぐに発問を変えてしまう場合が多く見受けられる。例えば「スイミーはなぜ悲しかったのですか？」という発問に対し数名の子どもしか挙手しないという場合。教師は想定外の反応にうろたえて「うーん、難しいか、では、なぜどうしようと思ったの？」と発問を変えていく。「なぜ悲しいの？」が「どうしようと思ったの？」に変わってしまうのである。

発問を変更するのはあまり望ましいことではない。ここでは、例えば「スイミーは何を見たのかな？」とか「では、十ページの五行目を音読してみましょう。」などというような助言を打てば多くの子どもが発言できるようになる。

助言の内容はその学級の子どもの実態によってかなり変わってくる。助言は通常は指導案には書かれない。丁寧に準備する必要があるが、その場で臨機応変に発せられることもある。適切な助言が打てるようになると、授業がより活性化する。

2　「意見が次々と出てくる」とはどういう状況か

「意見が次々と出てくる」状況とは、例ば次のような状態である。

(1)一つの発問に対し賛否両論の意見が出されたり、一文の解釈をめぐって様々な意見が出されたりする。そこで討論が巻き起こり、子どもたちから意見が出され続ける。

(2)一問一答の形でも、発問に対して学級の子どもたちがほぼ全員挙手をして発言する。

(3)学力低位の子どもたちも意欲的に授業に参加し、挙手・発言回数が学力上位の子のそれを越えるくらい出てくる。

このような場面を想定した場合、「意見が次々に出てくる」場を導くには、次の二つがポイントとなる。

一つ目は、優れた発問を準備できることである。

二つ目は、子どもたちに意欲的な学習態度をもたせることである。

以下、この二つのことについて述べていく。

3　どうすれば次々と意見が出るような優れた発問を準備できるか

意見が滞ってしまうような発問とは、どんな発問か。それは「あたりまえのことなので考えてもつまらない」とか「どうせ同じような答えだろう」と思わせるような発問である。その筆頭は、気持ちを問う発問だ。文学作品の授業では作中人物の気持ちを問うことが多い。気持ちを問うことが必要なこともある。しかし、そればかりを繰り返されると、子どもたちは「また、気持ちかぁ」とうんざりし、発言意欲が減退する。なにより、それだけでは作品の深い読み取りや発見を導き出せない。

では次々と意見が出るような発問とは、どんな発問か。それは、そう問われてみると「確かになぜだろう?」と思わせるような発問であり、「なるほど、いろいろ考えられるかもしれない!」と身を乗り出してくるような発問である。

では、どのように問えばよいか。次のような発問はどうだろうか。

「ごんぎつね」(新美南吉)の山場の部分に次の場面がある。

「ごん、おまいだったのか、いつも、くりをくれたのは。」／ごんは、ぐったりと目をつぶったまま、うなずきました。／兵十は、火なわじゅうをばたりと取り落としました。青いけむりが、まだ、つつ口から細く出ていました。

ここで多くの先生は
「このとき、兵十はどんな気持ちだったでしょう?」

と発問する。子どもたちは次のように答える。

「ごんに対してすまないという気持ちになりました。」

「なんで殺してしまったのだろう、という後悔の気持ちだと思います。」

この場合「ざまあみろと思いました」といった類の答えを述べる子はいないだろう。右の例のように、後悔・懺悔を中心とした答えが予想される。そこで教師は「そうですね。」と評価し、次に進む。無難な進行である。しかしこれでは子どもたちの「発言したい!」という意欲の継続が難しい。何より新しい発見も深い読み取りもない。


この発問のねらいは、兵十の気持ちを読み取らせることである。「兵十の気持ち」を問うのに、「気持ちはどうですか?」ではいけない。


ここでは次のように問うてみてはどうだろうか。

「『取り落とす』とありますね。『落とす』とどうちがうのですか?」

「気持ちは?」との問いにやや食傷気味になっている子どもたちは、この発問に食いついてくるだろう。私のクラスのある腕白な男子は次のように答えた。

「うんとね、『落とす』は、パッと落ちちゃった感じがする。でもね『取り落とす』は、何か知らない間に落ちちゃった感じがする。だってごんを殺しちゃったから、頭が真っ白になって、手の力が抜けたんだよ!」

「頭が真っ白になって、手の力が抜けたんだよ!」とはまさに兵十の気持ちである。先の「なんで殺してしまったのだろう、という後悔の気持ちだと思います。」といった概念的な答えよりもよっぽど的を得ているではないか。


このような発言を教師はほめればよい。そうすれば、子どもたちは自分の言葉で、次々と発言するようになる。

もう一つの例である。「川とノリオ」（いぬいとみこ）の展開部の中に次の場面がある。

暗い停車場の待合室で―父ちゃんのかたいてのひらが、いっときもおしいというように、ノリオの小さい足をさすっていたっけ。／父ちゃんを乗せていった貨物列車の、馬たちの飼い葉のすえたにおい。／（中略）母ちゃんの日に焼けた細い手が、きつくきつくノリオをだいていた。

（傍線・柳田）

まずは右の二つの傍線箇所が対比されていることを確認する。「優れた対比箇所があります。見つけてごらんなさい。」と投げかけると、子どもたちは懸命に探し出す。その後、対比して読ませる。その際、どんな発問にするかは学級の実態に合わせる。例を三つ挙げる。

「この対比から父ちゃんと母ちゃんのどんな様子や思いが読めますか。」

「この対比の優れているところをたくさん見つけなさい。」

「この対比を裏読み（形象を深く読むこと。このような言葉を子どもたちと共有しておくとよい）しなさい。」

意見交流後の子どものノートには次のように書かれていた。

「細い手がギュッと抱きしめ、かたい手がやさしくさする。ふつうは細い手がやさしく、かたい手がギュッというイメージだが、ここでは反対だ。母ちゃんはノリオはとられないぞと思ってギュッとだいたのだろう。それに対して父ちゃんはノリオの足の柔らかさを忘れないようにやさしくしたのだろう。なぜなら父ちゃんは次の日から銃や剣を持つことになるのだ。銃や剣は世界で一番冷たいものといえるだろう。反対に世界で一番暖かいものは何か。それは赤ちゃんの身体だろう。その赤ちゃんの足をさすることで、その感触を忘れないでいたいという思いが父ちゃんには強くあったのではないだろうか。」

もちろん、最初からこのような答えは出ない。「さする」の動作化を促すような助言や、「父ちゃんは戦場に行く。そこで手にするものは何だ？」という助言が必要になる。子どもたちは「なるほど、いろいろ考えられるぞ！」と思い、次々と意見を出す。

4　どうすれば次々と意見が出るような意欲的な学習態度をもたせることができるか。

意欲的な学習態度を育てるための取り組みをいくつか

挙げててみる。

(1) 書かせる

「この詩を読んでどんな感じがしましたか。発表しましょう。」では、だめだ。読解が得意な児童しか答えられない。先の発問の後

「自分の考えをノートに書きましょう。五分間です。」

と、書かせることが大事である。

子どもが書いている間は机間指導を行い、助言する。全くかけない子には、解答例を教えて書かせたり、友達の答えを丸写しさせたりする。このあと書いたことを発表させる。全員発表させた後、次のように評価する。

「六分間で学級全員が意見を言った。すばらしい。宇宙一の学級だ！みんな、自分のノートに大きな花マルをつけなさい。」

(2) 「間違えなさい」と言う

「間違えてもいいよ。」と言い子どもに安心感を与える先生は多い。しかし、さらに一歩進んで「間違えなさい。」と言うともっとよい。

「今日から七時間『海の命』を勉強をします。この七時間で最低二回は間違えた発言をしなさい。間違えない子にはよい成績をあげません。『できないは金、失敗は宝、間違いはダイヤモンド』です」

と説明する。そして間違えた答えを述べた場合、「あなたの答えは違います。読み間違えています。間違えたので素晴らしい。ノートにダイヤモンドを描きなさい。」

と言い、ひし形（ダイヤモンド）を描かせる。

さらに大きな声量で答えた場合は、

「なんてすばらしい。教室のすみっこにいるごきぶりにまで聞こえるような大きな声で発表した。しかも間違えている。気持ちいいなぁ。特大のダイヤモンドだ！」

と評価する。子どもたちは安心し、臆することなく次々と意見を言うようになる。

(3) 学習班（グループ）を組織する

授業とは先生が子どもたちを引っ張っていくものではない。先生と子どもがいっしょになって創り上げるものだ。このことを子どもたちにも伝える。

この具現化のために学習班（グループ）を組織する。

学級をいくつかの班に分ける。生活班があるのならそれを用いてもよい。班で一名学習リーダーを決める。はじめのうちは、班のメンバーの中では一番勉強が得意だという子どもが学習リーダーになるのがよいだろう。学習リーダーは次のような任務を負う。

① 班討議では進行役を務める

② 班のメンバーが遅れていないかどうか確認する

③ 授業に積極的に参加し、盛り上げる

「次々と意見が出る」ような授業に関する任務は③である。授業開始前に学習リーダーを集めて次のように語るとよい。

「今日は『大造じいさんとがん』の山場の場面を読解します。最初に音読です。次にじいさんが残雪をただの鳥ではないと感じた箇所を探しだし、その理由を発表してもらいますよ。班会議の時間を取りますから、発表する順番をきめておきなさい。あなたたち学習リーダーは最後に発言するのですよ。全体討論のときは、皆の手が挙がらなくなってきたらチャンス、君たち学習リーダーが挙手し、授業を盛り上げるのです。さらに大きな声で間違えたら、最高の学習リーダーです。はい、がんばれ！」

授業の流れを教え見通しを持たせること、発表をリードさせることなどを伝えるのである。

(4) 次々と意見が出たことを評価する

次のような手立ても効果的である。

「大造じいさんは残雪に対してどんな気持ちを抱きましたか？七人答えられたら、合格です！」

気持ちを問う発言はひかえるといったことを前述したが、そのような食傷気味の発問であっても手立てを工夫すれば子どもたちの意欲も喚起される。

先の発問に付け足して、

「先生は何もアドバイスしないよ。君たちだけで次々に立って意見を続けてごらん。七人だよ。できるかな？」

などと言う。こうすると教師が指名することなく、次々と意見が出される。翌日は、

「昨日は七人続いたね。よし、今日は十人だ。しかも、そのうち半分は男子が発言する。なぜなら昨日の発言は女子が多かったからね。」

と目標を高めるとよい。

4　国語の授業で「グループ学習」を活発にさせるためのスキル

高橋　喜代治（立教大学）

1　「授業」とは何か

「授業って何？」って問われたら、あなたは何と答えますか。私は次のように考えています。
「授業とは、先生の指導で、みんなで考えて、新しい知の世界を創り出すこと」

この「みんなで考え」て「新しい知の世界を創る」という点から考えた時、グループ学習が重要な意味をもちます。それは、グループで話し合うことで、他者を取り込みながら、一人では到達できなかった新しい学びの世界に入ることができるからです。国語の読みの授業で考えると、話し合うことでクラスの仲間の読みを取り込み、深い読みを生みだすということです。同時に、この学びはワイワイとおしゃべりの時間になってしまい何も学べなかったというよくありがちな無駄な話し合いの拒否をも意味しています。

とは言っても、活発なグループ学習を展開するにはそれなりの指導が必要となります。ここでは、それをスキルとして取り上げ、もっとも大事ないくつかのポイントに絞って述べます。しかし、前提としておさえておいてほしいのは、やはり指導者としての教育観、授業観です。それは「みんなで話し合う楽しく分かる授業づくり」という信念です。

グループの話し合いが活発になるためには、グループそのものの作り方と、グループを使った授業方法の二つの側面があります。まず、グループの作り方とその指導について述べます。

2　スキル・その1　グループの人数は四人

活発なグループ学習にするのには、人数がとても大事な要件です。ある国語の授業の学習会で、グループ学習を長年とり入れているベテランの現場の先生たちが、適切なグループの人数について話し合ったことがあります。その時、小グループ（班）の人数は四人で一致しました。主な理由は次の四つです。

(1)　ある一つの話し合いの課題についてグループメンバーの誰もが発言できる数であること。
(2)　顔を突き合わせて相手の話が聞けること。
(3)　リーダーがしっかり把握できる人数であること。
(4)　それなりに多様な意見を出し合えること。

後で詳しく触れますが、一時間の授業でとり入れるグループの話し合いは二回～三回前後が適当です。そうすると一回のグループの話し合い時間は三分～五分です。その時間で全員の十分な意見交換ができるのはやはり四人、どんなに多くても五人です。これも後で述べますが、グループの話し合いでは、互いに相手の意見がしっかり聞き取れることと、その意見の内容をリーダー（司会）がしっかり聞き取ってさばくことが大事になってきます。そうするとやはり四人なのです。ただし、学年や学習課題によっては、三人や五人ということがあってもいいと思います。

3　スキル・その2　リーダーは育てるもの

グループの活発な話し合いのためには学習リーダーの存在が不可欠です。リーダーは教師が育てるものです。私たち教師はリーダーに〈みんなをまとめる力〉や、〈話し合いを進める力〉を期待します。しかし、初期の段階では、それらは子どもにとってかなり難しいことです。特に学習リーダーはその時間に学習する教科内容がある程度分かっていることが望ましいので余計です。

だから、その段階で学習リーダーに、どこまでの力を期待するのかという具体的な見通しが重要です。子どもの発達段階、学習集団の発展段階などを見極めるのです。私は、はじめの段階の学習リーダーには、次のような力を期待します。まずは、やる気さえあれば誰にでもできるような目安です。

(1)　グループの全員に発言させること。質問も発言と認めること。

(2) グループを代表して全体に向けて発言する人を指名すること。

(3) リーダーとしてわからないことは、先生にどんなことでも聞きにくること。

これらはリーダーの仕事というより、「世話人」の仕事に近いかもしれません。だから、私は「リーダー」と言わずに「世話人」と呼ぶこともあります。子どももその方が気が楽な場合があります。

これらのことを学習リーダーが少しでも実行できたら目ざとく見つけて褒めるのです。また、困って教師に質問に来ることも褒めるのです。例えば、「先生、○○さんがあまり意見を言ってくれません。どうしたらいいですか」と聞きにきたら、「よく気が利くねー。メンバーのことを心配してさすが世話人だ」というふうに。

指導がある程度進んだ段階の学習リーダー像とは、たとえば学習が遅れているメンバーの援助をする資質だと私は思っています。また、授業の進行についてグループの誰かが理解不十分だとしたら、察知して授業の進行に「先生、待ってください」とストップをかけられるような力を持った子どものことです。

4 スキル・その3 話し合いの「型」を指導する

グループの話し合いが活発になるためには、話し合う「型」づくりが大事です。話し合いの流れ・形式です。これが定着しないと話し合いはダレたり混乱したりして遊びになってしまいます。はじめは次のような簡単なもので十分です。

① 課題提示 では、これから○○○○について話し合います。

② 意見交換 では、Bさんからお願いします。

③ 意見交流 二つの意見が出ていますが、反論をお願いします。

④ 意見の確認 では、△△△△と□□□□の二つの意見で確認します。

⑤ 発言者の決定 では、△△△△の意見の発表はCさんに、□□□□の意見の発表は、Dさんにお願いします。

大事なのは、とにかく全員に話させることです。そのための仕掛けとしての機能が第一です。小グループの価値はそこにあるのです。そのために、はじめは次のような約束ごとも必要です。

(1)「わからない」も一回の発言。

(2)「Cさんと同じです。」も一回の発言。ただし、「…」で同じです。と言うこと。

(3)「間違い」は授業の「宝」。

このようなパターン化した話し合いの形を覚えさせ、話し合いのテーマなどに合わせてだんだんと臨機応変な対応ができるようにしていくのです。ただ、実際に、「間違い」を契機に学習が深まるような授業をやってあげないと、子どもは正解主義に陥り間違いを恐れ、発言しなくなります。

5　スキル・その4　ペアの話し合いで自信を持たせる

大人でもそうですが、多くの子どもたちは自分の意見に自信が持てません。それは正解かどうかということをあまりにも重視するからです。正解主義がしみこんでいるからです。それより自信があってもなくても、自分のその時点での意見を言えることこそがすばらしいことなのだということを指導する必要があります。

四人という小さなグループの中だけでも、話し合いのテーマに対して自分の意見や考えを言うのは困難な子どももいます。そういう場合、四人グループの中にペアを作って前段の話し合いをさせると、子どもはとても気が楽になります。一時間の授業の中での子どもの発言回数を増やすことにもなります。また、ペアの話し合いで自分の意見や考えを相手に伝え相互に理解しあうことで意見の修正や同調にもつながります。

6　スキル・その5　話し合いは三分～五分で二回～三回が基準

グループの話し合いで、型と同じく重要なのは時間と回数です。学習の内容や過程、学習集団の発展段階にもよりますが、一応の基準として一回の話し合い時間は三分～五分の範囲が適切と思います。また、一時間の授業でのグループの話し合いは二回～三回前後がよいと思います。

話し合いの時間が三分～五分なのは、話し合いに集中させ、授業のリズムをつくるためです。グループの話し合いが散漫になるのは話し合いの時間に制限がないことが大きな要因です。グループの話し合いの場面で、話すことがなくなってしまい暇をもてあそぶグループが出てくることがありますが、それは多くの場合、時間のかけすぎです。そんなことが続けば子どもは、話し合いへの緊張感を欠くようになりますし、ひどい場合は話し合いを「遊び」と思ってしまいます。四人の子どもが自分の意見を言い、それを練り上げることを、三分～五分でできるように指導するのです。授業のリズムと緊張をつくるのに、その時間が大事な役目をしています。

たとえば「4分で話し合って」という教師の時間指示は授業のリズムとメリハリをつけてもいます。それでも時間が足りなかったら、リーダーに「時間をください」と要求させることが大事です。授業に主体的に参加し学習リーダーとして教師に要求をするということを指導していくのです。

グループの話し合いは二回～三回程度が適当なのは、授業での中心的な学習目標は一つであることが多いからです。そうだとすれば、学習目標に対してはじめの段階、なかの段階、おわりの段階にそれぞれ一回程度が自然なのです。

7　スキル・その6　学習リーダーと授業の進め方の打ち合わせを

学習リーダーへの指導は様々な機会に行いますが、ここでは授業前の教師と学習リーダーとの打ち合わせの重要性を挙げたいと思います。

まず、内容ですが、はじめの段階では次のような指示をします。

①　最初の発言の口火を切る。
②　みんなから発言を求める。
③　時間が不足したら、教師に時間延長の要求を出す。

①は、難しい学習課題でグループメンバーから意見が出にくい場合、学習リーダーがはじめに「わたしはこう思う」という発言をすることを求めたものです。それがきっかけになって次の発言が出やすくなります。②はグループ学習でもっとも大切なことです。もちろん、うまくいかない時に具体的にどうすればいいかも丁寧に指導しなければいけません。③は自覚的な学習姿勢をつくるためです。リーダーの積極的な姿勢が時間要求として他

に示せるからです。

次にこの打ち合わせを、いつ、どこで行うかですが、初期の段階では授業のはじめの三分間くらいで、教室の前の方に集めることがよいと思います。それをあえて他の子どもたちに見せるのです。リーダーが自分たちの目の前でこの授業のために打ち合わせをしていることで、グループで学習することの大切さを子どもたちは実感します。学習リーダーたちの自覚を促すことにもなります。

教師と子どもが打ち合わせをしている時、他の子どもたちには、教材の音読などの指示を出しておくことは当然です。

さらに進むと、授業の直後に廊下などで、一分～二分程度のさらに短い学習リーダー会を開くこともあります。この時は、授業でよく頑張ったことを評価することがほとんどです。

「今日はリーダーが本当に力を出してくれた。前回グループの中で発言できない人がいた7班が、今日は全員が発言していた。それから3班の討論もレベル高かった。……。」

8　スキル・その7　学習を励まし進める評価を

活発なグループ学習にするためには、教師の評価が大きな力を発揮します。特に大事なポイントを示します。

まず、グループ学習を活性化することに役立つ発言・行動を教師はめざとく探して具体的に評価することです。例えば、授業の最後でその授業の学習内容の確認とともにグループ学習に関する評価を具体的に述べます。次のようにです。

「今日のグループ学習でとっても良かったことが二つあります。まず、すべてのグループから発言があったということ。そして、3班と4班から『時間をください』という時間要求があったことです。『勉強したい』っていう気持ちが伝わってきましたよ。」

このような評価も、授業は自分がたちのもの、自分たちが作り上げるもの、自分たちで考えて、新しい知の世界を創り出すものという見方を育てることにつながるのです。

5　国語の授業で生き生きとした「話し合い」「意見交換」をさせるためのスキル

小林　信次（日本福祉大学）

1 「話し合い」「意見交換」の大切さ

授業を楽しく進めるためにも、集中して進めるためにも、そして質の高い追究を実現するためにも、「話し合い・意見交換」の指導は大切である。子ども相互に考えを交流し合うことで、さらに新たな考えを導き出すことができる。意見の相違があるから、話し合いによって深い学びができていく。また、討論ができていくと全員の発言によってさらに新しい発見も生まれるのである。全員参加の授業によって、遅れた子どもも学習への意欲がわいてきて、学び方を獲得していくのである。

そのためには授業をスムーズに展開するための「授業規律」が大切になる。「指名されたらしっかり答える」「先生の話をきちんと聞く」「先生の指示をよく聞く」「友だちの話を友だちの方を向きながら聞く」「机の上には、指示されたもの以外は置かない」「授業の開始時間を守る」などの基本が身につかないと質の高い授業ができなくなってくる。

また、「話し合い・意見交換」成立の前提として問答の授業がきちんとできることが大切である。まず、そのことから考えていきたい。

2 「話し合い・意見交換」の前提となる問答の指導

「話し合い・意見交換」の前提として、教師と子ども、教師と子どもたち、そして子ども相互の「問答」がしっかりできることが大切である。そのためのルールを定着させていく必要がある。

まず、「一斉問答」である。教師が発問した時、子どもたち全員が答える問答である。授業のはじめや節目で、取り入れる。一斉音読で授業を始め、やさしい問いには一斉に答えさせる。一斉問答である。そのことで授業のリズムをつくっていく。

次に「個人問答」である。教師の発問に、一人、二人と、何人かの子どもが答える問答である。手を挙げさせて答えさせることが多いが、それだけだと発言が特定の子どもに限定される危険がある。挙手をさせないで、「○○さんの話を聞いてみよう」と教師があえて指名していくことも必要である。一問一答式にならないように、答えと答えがつながるように、教師が指導していくことが大事になってくる。

そして「からみ問答」へ移行できるようにしていく。「からみ問答」とは、教師の発問に答えた子どもに、さらに他の子どもが次々と答え、さらに教師がそこにわりこんでいくというような問答である。ここからは、実質的に「話し合い・意見交換」に入っていく。

「話し合い・意見交換」に向けて、前記のようなつながりを意識した問答の指導が重要である、そのための教師の助言として「○○さんは、こう言っているけど」「△△さんは、どう思いますか」などがある。

例えば『ごんぎつね』で「小ぎつね」を読み取っていく時、「Aさんは、小さいきつねでかわいいきつねと言っていますが、Bさんは、どうですか」と指名する。「僕はAさんとは違って、小さいけどいたずらするぐらいのきつねだから、かわいいとはいえないと思います」とAとBの発言をつないでいく。

「ごんぎつね」の山場の読み取りの授業で、ごんが「その明くる日もくりを兵十の家へ持って行ったのは、どうしてだろう?」という読み取りの場面である。

教師①（主発問）　兵十には神様だって思われてもごんは、おでかけしたんだよ。どうしてごんは出かけたの?

子ども　兵十に、何を言われても、ごんはいたずらをしたことを心から悪いと思っているから。

子ども　私は少し違って「その明くる日も」と、やっぱり気づいてほしいと思っている。

教師②（助言）　他に違う考えはないかな!

子ども　兵十に気づいてもらって、仲良くしたい。

子ども　僕は、仲良くしたいというより、「裏口から、こっそり」と入っていって責任を取りたいのでは。

教師③（助言）　○○さんと△△さんは謝りたい。◇◇さんは、責任を取りたい。□□さんは、仲良くしたい。――と言っています。まだ、他の人で別の考えはありませんか。

子ども　ごんは、あきらめられなくて出かけたんだけど。最後は、ごんはうたれて死んでいく。でも、わかってもらってうれしいかも。やっぱりつぐないたいという気持ちで出かけたと思います。

教師の主発問と教師の助言「他の人はどう思うの」「他に考えたことはありませんか」と子どもの多様な考えを引き出しながらつないでいく。教師の発問を軸に子どもたちの発言を引き出している。

これらの問答が発展すると、グループの話し合いや全体での話し合いが生み出されてくる。さには、討論ができるようになる。

3　グループでの話し合いから全体の話し合いへ

クラス全体での「話し合い・意見交換」をさらに、ふくらませ、スムーズにしていくための「グループ」での「話し合い」について考えてみたい。

「話し合い」を生かしたグループ学習の指導のポイントは、次のようになる。

(1)「聞き合う」こと「認め合う」こと

進んで発表できるようにすることが大切である。そのためには、互いに間違いを認め合うことができる雰囲気が必要である。そして、友だちの意見を「聞き合う」こと、「認め合う」ことを大事にさせる指導が求められる。特に仮に間違ったとしても、それは授業では大切なことなのだという雰囲気をつくっていく。

「間違ってもいいよ！」「間違うから学ぶんだ！」という指導が意味をもつ。

(2)「話し手」に注目させる

「話し手の方を見る」「話し手の顔を見る」「話し手にうなずく」などの指導が大切である。教師が発言している子どもと子どもの間に立ち、「誰に対して発言してい るの？」「今、どこを見ていたらいいと思う？」などと呼びかけていく。

(3)「賛成」「反対」を表明させる

前の発言者にからむように、できるだけ「賛成」「反対」を表明させる。また、前の発言と自分の発言はどう関わるかを明示させる。

子ども　○○さんに賛成です。
子ども　△△さんに反対です。
子ども　□□さんのごんが見方を変えているという意見に関わって……。

はじめは「反対」と言いにくい場合があるが、「反対意見があるから、授業が深まっていく」と相互に認め合う関係を作り出しながら、自然に「反対」も表明できるようにさせていく。

(4) グループづくり

グループは、通常四人で作ることが多いが、様々な編成の仕方がある。方法としては、①生活班をそのまま授業で使う。②座席が近い子どもを機械的にグループにする。③授業のためのグループを意図的に編成する。―などがある。

望ましいのは③である。国語の得意・不得意、発言力のある・なし、男女など、なるべく異質なメンバーで構成することが大切である。

(5) リーダーの選出と指導

初期の段階では、学習リーダーは発言力などを基に教師の指名が望ましい。ただし、生活班の班長に学習リーダーを兼ねさせることもある。子どもに互選させることもある。

リーダーへの指導は個別にもするが、会議をもつことも有効である。授業の中のグループの問題点を聞き出したり、評価したり、進め方について助言していく。

教師　グループで困っていることはないですか。
教師　5グループの発言でみんなが大切なことを学べた

ね。

教師　全体に発言する人を決めるいい方法があるよ。

できるだけリーダーの活躍をほめて伸ばすようにしていく。

(6)　全体への評価と援助

各グループがクラス全体での自由な発表・発言ができるようにしていく必要がある。そのためには、発言への評価が大切である。それが活発な話し合いを引き出す。

教師　山田さんの発言がいいね。さすが三班だ。

教師　二班の鈴木君の発言は、深い読みだった。

一方で発表できない子への援助をする。教師が側について、「このことを発言したらいいよ」と促したり、学習リーダーに援助してもらったりしていく。初めて発言したときは「黒川さんすごい」と丁寧に評価していく。

4　グループの「話し合い」のための教師の指導

授業のどの段階で、何をテーマにグループの「話し合い」を入れるかを、教師は丁寧に練っておく必要がある。アドリブで入れることもあるが、一時間の授業の「導入、展開、まとめ」のどの段階で「話し合い」を位置づけるのかを考えておく。そこで、ここまでの発見と討論を展開させる。―などの戦略が求められる。

また、その際の「課題（中心発問）」とそれを支える「助言」も丁寧に準備しておく。「発問計画」である。

グループの「話し合い」をスムーズにしていくための指導のポイントを以下に示す。

(1)　「話し合い」の回数と時間

グループの「話し合い」は、一時間の中で二回〜三回を一つの目安にする。これ以外にショートの話し合いが入ることがある。

話し合いの時間は長すぎないように気をつける。学年によって違うが、一つの基準は4分〜5分である。これを基準に、学年や学習内容や学習集団の発展段階によって調整していく。

(2)　「話し合い」の初期→中期→後期

初期のグループの「話し合い」は、内容を確認することから始める。例えば、答えが合っているか、間違っているかの「確かめの会議」から始める。

教師　グループごとに答えが合っているか確かめてください。

学習リーダー　今の答え合っていますか?合っていると思う人?

次の段階では選択である。二者択一「AとBどっちがいいですか」、三者択一「AとBとCどっちがいいですか」

中期である。馴れてきた段階では答えが対立したり、分裂したときに討論を展開する。そのためには、討論の結果、新しい発見が生まれるような課題を出す。

後期は、その課題を子どもたちが考える。グループでの「話し合い」を子どもが要求するようになる。

5「個」の思考→グループの「話し合い」→全体での「意見交換」

「話し合い」「意見交換」の際に、是非留意すべきは、一人一人の思考を保障することである。グループでの話し合いやクラスでの意見交換には、大きなメリットがあるが、同時に「個」を押しつぶす危険もある。

だから、グループでの話し合いの前には、一人一人が考える時間を大切にする。もちろん子どもによっては、どう考えたらいいかわからない場合がある。教師は丁寧に机間指導をして援助する必要がある。

その後、グループでの「話し合い」となる。これは今述べてきたとおりだが、その際の教師の助言そして援助は重要な意味をもつ。この時に留意すべきこととしては、グループ内での無理な「一致」を強制しないことである。文章や作品の読みとりなどは、グループの中でも分かれるのが自然である。いい加減な検討で分かれているだけというのは困るが、十分論議したけれど意見が違うということを、むしろ高く評価する必要がある。

その上で、クラス全体の「意見交換」となる。各グループの検討結果をクラス全体に報告し、さらに豊かな検討を進めていく。各グループからの様々な意見を、教師は瞬時にグルーピングし、整理することが求められる。それにもとづいて全体での検討が始まる。もちろん必要に応じて再びグループの検討や個に戻すこともある。

6　国語の授業で活発で熱い「討論」を作りだすためのスキル

鈴野高志（茨城県・茗溪学園中学校高等学校）

1　なぜ「討論」が成立しにくいか

概して、国語の授業では、ディベートなどのようにあらかじめ決まった立場で意見を闘わせるような授業は別として、討論が成立しにくい。

それにはいくつかの理由が考えられる。

まず、そもそも国語の授業で討論する、という発想が子どもたちにはもちろん、教師の側にも弱い。だから、討論すること自体に慣れていないということが挙げられる。

例えば、授業の中で教師が「ここでの主人公の気持ちを話し合おう」と一見「討論」の可能性を含んだような指示を行った場合でも、子どもたちが手掛かりにするのは教材文に書かれている言葉以上に、その発問が出されるまでの、授業における読みの内容である。

同じ教室で共に授業に参加してきた者どうしであれば、さほど意見が対立するようなことはなく、どうしてもそれまでの読みの内容に沿った発言が大勢を占めるであろう。また逆に「国語には答えがない」とか「子どもたちの自由な読みを保障する」といった発想から、オープンエンド式に思いつくままに意見を言わせ、教師が全ての発言に「それもあるかもしれないね」等のコメントを加えて終わってしまうような場合もありうるだろう。

さらに討論が成立しにくい理由として、「言い争う」こと自体を避けようとしている可能性も否めない。「言い争う」ことは互いを攻撃し合い、また勝敗（優劣）をはっきりさせることにもなり、ひいてはそのことが授業を離れた今後の人間関係にまでマイナスの影響を及ぼしてしまうのではないかと、子どもたちや教師が危惧していることが考えられる。

しかし、国語の授業で本当の意味での「討論」を成立させることは実は可能である。むしろ、「討論」をすることでこそ子どもたちの読みが深まり、それによって身につけられる読みの力がある。そのためにも大切なのは、子どもたちにとって授業の中での「討論」が楽しいものであることであり、「討論」をしたことで「読めた！」という実感がもてるということである。

2 熱い「討論」を作りだすスキル

(1) 「構造よみ」で「討論」を行う

科学的『読み』の授業研究会で（以下「読み研」）では、小説（物語）教材や説明的文章教材の授業における第一段階の読みの方法として、「構造よみ」を提案している。

私は、中学校で小説の「構造よみ」を導入する際、その入門期の教材として、「化けくらべ」という平易な文体で書かれた昔話を配布し、実際の文章の構造をとらえる練習を行う。これは、読み研の自主制作教材である。以下、本文の前半部分を引用する。

> **化けくらべ**
>
> 狐や狸がいろいろなものに化けて人をだます話は、村々でよく聞くものですが、そういう化け上手の狐や狸の中には人のように名前を持っていたものもありました。
>
> むかし、ある村にお花という狐と権兵衛という狸が住んでいたそうです。
>
> ある日、権兵衛狸がお花に向かって、お花さんは化けるのが上手なようだが、ひとつ私と化けくらべをしようじゃないか、と言いました。前々から化けかたを自慢にしていたお花狐は、これを聞くと内心たいへん喜んで、たちまち賛成しました。そうと決まれば早い方がいいから、明晩、明神様の境内で会おう、という約束をして別れました。（以下略）

(2) グループ内討論から全体討論へ

授業では、まず「この作品の中で『事件』が始まるところ――『発端』はどこか」という問いを子どもたちに投げかける。

その際、まずは個人で考える時間を二分程度取り、個人による考えが決まったところで今度は机を四人くらいの小グループの形にさせる。そしてグループでさらに話し合いをするように指示し、グループとしての「発端」の候補箇所を決めるための話し合いを行わせる。

「発端」の候補箇所はあらかじめ黒板に記した各グループ名の横に書かせ、全てのグループから候補が出そろったところで全体討論に入ることを予告した上で以下のことを指示しておく。[1]

①自分たちのグループが「発端」として挙げた箇所が妥当と考える根拠を、本文を手掛かりにグループ内で話し合うこと。

②話し合った内容をまとめ、それを発言する者を決めておくこと。

また、発言する際は、グループ全員で挙手すること。教師は全員が挙手しているグループから指していくこともあらかじめ伝えておく。これは、発言者に全てを任せるのではなく、発言者も含めたグループ全員がその発言に責任を持つこと、全員が討論に参加しているという意識を持たせるための有効な指導である。

さて「化けくらべ」の発端の候補としてはほとんどの場合、本文五行目「むかし、—」というところと七行目「ある日、—」というところの二つの箇所が挙がる（授業進行の便宜上、例えば「むかし、—」の側をA、「ある日、—」の側をB、というように名づけておく）。

Aの「むかし、—」を根拠とするグループからは、「四行目までは『狐や狸』と一般的な動物名しか出てこないが、五行目からは『お花』『権兵衛』のように、具体的な登場人物の名前が出てくる」「『むかし』と事件が起きたときがいつかが示される」などの意見が出る。

Bの「ある日、—」を根拠とするグループからは、「『むかし、—』の段落はまだ登場人物の紹介で、『ある日、—』に『権兵衛』が『お花』に『化けくらべ』をしようともちかけて事件が始まる」「『住んでいました。』までは長い時間を大ざっぱにまとめているが、『ある日、—』からはセリフや動作が詳しくなる」等の意見が述べられる。

また、同じく「ある日、—」のグループからは、「『—住んでいました。』までは登場人物たちにとってはいつものこと、『ある日』から始まる『化けくらべ』はいつもと違う特別な出来事だから、ここが事件の始まりだ」という意見や「ここから二人が関わり合う」といった意見が出る。

(3) 熱い「討論」が成立するための条件

討論が活発になる理由として、まず明らかに「論点が明確である」ということが挙げられる。子どもたちはまず教師からの発問によって「発端」がどこか、ということを考え、さらにその根拠を本文中から探し出す。本文中から見出された根拠であるため、それらは極めて具体的なものであり、全ての子どもが本文に戻って確認することができるという点も大きい。

また、討論すべき「発端」の候補がA「むかし、―」とB「ある日、―」の二箇所（以上）に分かれていることも、実は討論を行うための条件として理想的である。なぜなら、子どもたちは討論で「勝つ」ために必死になって、他のグループが候補として挙げている箇所よりも自分たちのグループが候補としている箇所が妥当であることを、証明しようと努めるからである。

そういう意味では、「だれが読んでもここが『発端』とはっきりわかってしまうようなものは討論に向かないし、逆にあまりに多くの箇所が候補になりそうな作品なら討論の前に候補箇所を整理しておく必要がある。前者の場合、例えばそれが「発端」なら、そこは簡単な確認で済ませ、それ以降の「クライマックス」や「山場の始まり」の決定にさいして討論を組み込めばよい。また後者の場合はまず近い箇所にある候補をひとまとめにし、「まとまり」どうしで討論させておおまかな範囲を絞った上で、さらに細かい箇所決めに入っていくという二段階の絞り込みが必要である。

(4) 討論への意欲をかきたてる助言と評価

やがて、「化けくらべ」の「発端」についての討論は「ある日、―」の側が妥当であるという決着を見るのだが、ここに至る過程で、あるいは決着したタイミングでも忘れてはならないのが、子どもたちの発言に対する教師の助言や評価である。

グループで話し合いを行っている段階から、教師は机間指導をしながら様々な助言や評価を行っていく。例えば、「〇班は『ある日、―』を「発端」だと考えるんだね。どうして？」「なるほど！　確かにここにそう書いてあるね」「おっ、それよく気づいたね。よく読めてるなあ。よし、それ発言しよう！」――といった具合である。

また、時には挑発的に「あれ、この班、Aの部分が『発端』になる証拠、まだ見つけられないの？　Bを『発端』にしているグループはもう二つぐらい証拠見つけたよ！」と競争心を煽るような指導言もあってよい。特に文章中から「証拠を見つけて発言する」（それも他のグループより早く）という作業は、子どもたちにとって一種のゲーム感覚にも似た知的な興奮をもたらす。

これらは全体討論に入ってからも同様で、「Aの側、ずいぶん証拠を挙げられたね。Bの方、このままだと負けちゃうぞ。」「さっきグループで話し合いしているとき、Bの側でいい証拠を挙げていたところがあったじゃないの。あれ、言わなくてもいいのかな？」といったような一種の挑発や、「はい、今の意見はとても優れていたね！　文章の書かれ方の変化によく気がつけた！」という評価は、「よし、また発言しよう」「他のグループに負けないようにがんばろう」といった子どもたちのやる気を引き出すことにつながり、自分たちのグループが指名されて発言する権利を得ようと、競い合うように手を挙げるようになっていく。

また、授業の終わりには例えば次のような評価を行う。

「今日の討論で『発端』はBの『ある日、―』の部分に決まりましたが、Aの側の意見で〇班が言っていた『ここから登場人物の具体的な名前が出てくる』っていう発見はとても鋭かったね。「事件」はまだ動き出さないから『発端』ではないけど、この意見があったおかげで、みんなはこの作品の『導入部』に『狐と狸』全般のことを説明している部分と、登場人物を紹介している部分の二つの段階があることに気づけたね。〇班は実は前回の授業では一回も発言できなかったけど今日はこんなにいい発言をした。みんな、〇班に拍手！」

このような教師の評価を通して、子どもたちは国語の授業における討論が、決して自分たちの人間関係をマイナスの方向に干渉するような類のものではないこと、むしろ意見を闘わせるからこそ見えてくる文章の仕掛けがあること、討論での「勝ち」「負け」という結果に関わらず、異なる意見を闘わせることが自分たちに読みの力をつけてくれる建設的な作業となっていることに気づいていくのである。

3　小中学生はもちろん高校生でも可能な熱い「討論」

小中学生に比べて高校生は、ゲーム感覚で討論を行うことが難しいと思われがちである。

しかし、「構造よみ」のように論点が明確な指導過程を組み込めば、子どもたちは予想以上に自力で考えること、考えたことを根拠として表明すること、さらに小グループで出た意見を、やはり根拠を示しながら全体の討論の中で発言することを楽しむようになってくる。

もちろんその場合も教師の助言や評価が討論を成立させるための重要なカギとなることに違いはないが、特に高校生の場合には、子どもたちが挙げた「発端」や「クライマックス」の候補について、彼らがどれだけ説得力のある根拠をもって説明できたか、という点を教師が見過ごすことなく、しっかりと評価してあげることが重要である。「確かにその通りだ。文章にこう書いてある」と周りの子どもを納得させられた発言に対しては、大いにほめてあげるとよいだろう。

そういった教師の評価から、子どもたちは発言における根拠の示し方を学ぶ。やがてその力はその後の国語の授業における討論の中で生かされていく。そして、それだけでなく、例えば生徒会が職員会議に提出する「要望書」のようなものや、大学に提出する「自己推薦書」のようなものの中で、自分（たち）の主張を支える根拠を具体的な言葉で示す力として発展していく。

注

（1）斉問答の形で指示する場合もあるが、各グループ内で「学習リーダー」を一人決めさせ、教室の隅に学習リーダーを集めて指示した方が、話し合いがスムーズに進む場合もある。学習リーダーを設ける際は、決して「押しつけ」にならないよう配慮する必要がある。

1　「カレーライス」（重松清）の1時間の授業の全授業記録とコメント

加藤郁夫（大阪府・初芝立命館高等学校）

授業日時　二〇一三年四月二十六日（金）2時間目
授業学級　秋田大学教育文化学部附属小学校
　6年B組（男子15名、女子18名、計33名）
授業者　熊谷　尚先生

＊該当箇所の教材本文は、134頁に掲載。
＊以下、破線内のコメントは加藤による。

【授業開始前に「お父さんウィーク三日目」と板書してある。この授業で取り上げるのは作品の山場である。26段落「翌朝～」からクライマックスを含む51段落まで。該当の本文は拡大して教室右横に張ってある。】

1　授業の導入

教師①　はい、今日やっているのはなんでしたっけ。
子どもたち　「カレーライス」
教師②　今日やっていくのは。
子どもたち　お父さんウィーク三日目。

【三日目のひろしの心情が大きく変化した箇所として、前時に子どもが指摘した箇所を熊谷先生は拡大本文を指しながら紹介。子どもが指摘したのは次の四箇所。】

Aお父さんが目玉焼きを作ってくれたのを「うれしくて、でも～くやしくて～」と思う場面（段落28～29）
B「ごめんなさい」の練習をする場面（段落33～36）
C「今夜は弁当」と言うお父さんに「何か作るよ。ぼく、作れるから。」と言う場面（段落38～39）
D「あきれた。うんざりした。」そしてお父さんがうれしそうにうなずく場面（段落47～48）

教師③　今日は、何をやるんだった？

子ども　えっと、クライマックスに行くまでの、二日目以前と比べて、ひろしの気持ちはどう変わったか。
教師④　だよね。で、昨日、自分で考えたから、今日は？
子ども　グループ全員で話し合って決める。

2　学習課題の確認とグループごとの話し合い

【「ひろしの気持ちが特に変化したところはどこか決めよう」と板書。今日の授業の課題を確認する。】

教師⑤　班で話し合って、いっぱい探したら絞ってほしいんだよね。重要なのは、これとこれって順番付けて。

【ここから班の話し合いに入る。男女二名ずつの四名で、八班ある。「時間は一〇分」と指示。熊谷先生は、班を回り、子どもの意見を聞きながら助言していく。】

> 一〇分の話し合いは時間の取り過ぎである。早めに意見を出させ再び話し合いをさせた方がよい。

【以下7班の話し合い】
子ども　29段落で、なんか悲しくなってきたから、そっから39にいったんだから、29段落が一番大事。
教師⑥　どうしてそこが一番重要か。そこ話して。
【以下5班の話し合い】
子ども　私たちは38じゃないかと思います。「何か作るよ。ぼく作れるから」っていうので、お父さんを心配して何か作ってあげようっていうこと。
教師⑦　どの言葉で心配する気持ちが伝わる？根拠となる言葉を探せるといいね。
子ども　ぼく作れるからっていう、ただ作りたいんじゃなくて、相手を思って作りたいっていうのは今までのひろしにはなかったと思う。
教師⑧　ああ、今までっていうのは、二日目より前にはなかったってことか。

> 話し合いの途中で熊谷先生は「5班は38、二日目の昼と比べて考えているよ」「二日目のひろしと比べて考えてみたら」などと班の意見を全体に紹介する。それが他の班への助言になっている。

【以下4班の話し合い】
子ども　29と38です。
教師⑨　29と、38、どちらかといえばどっち。
子ども　29。
教師⑩　もう少し深めて。証拠、全部探してくれた？

子ども　あの、眠い目をこすりながらっていう所を、あの、二日目よりもお父さん、いいなっていうか。

教師⑪　どうみんな？ 二日目はどう書いてあったかって戻ればいいんじゃない、こういう風に。あるいは一日目はどうだったっけって。

【十分経過。熊谷先生は、まだ絞り込めてないグループが半数あったことから、三分の時間延長を認める。】

【以下８班の話し合い】

教師⑫　どこで迷ってるの？

子ども　29と…。

子ども　割れてるんですけど、私は48。

子ども　私も48だと思ってる。

子ども　あと39とか40とか…。

教師⑬　じゃあ一個どちらも重要な場面には変わりない。

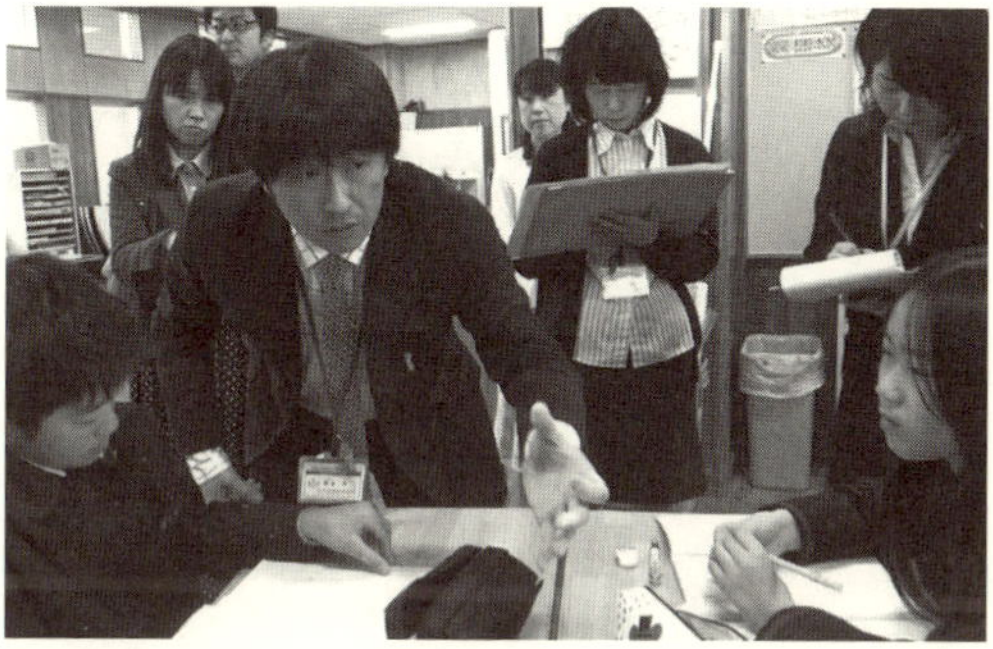

でも、38選んでいる人も39の人もだめじゃない。別の場面と比べると変わり方の激しさが分かると思うんだよ。そこしか見てないと比べられないでしょ。

子ども　前の日と比べて？

教師⑭　ああ、例えばね。そういうふうにやっていくとどっちがより激しく変わったかわかるよ。

【以下２班の話し合い】

子ども　29段落。

教師⑮　どうしてそこを選んだか、理由も話せるかな。

子ども　うれしくて……行ってらっしゃいを言わなかったから、急に悲しくなってきた。悲しくなってきたのに、急にっていう変化があるから。

教師⑯　ここで初めて出てきた感情ってなんだった？

子ども　うれしい。

教師⑰　うれしいって二日目にあったかな。なんでうれしくなったの？

３　全体での話し合い

【ここから、クラス全体での話し合いに入る。】

子ども　僕たちの班は、29段落が一番気持ちが変化していると思います。理由としては、「うれしくて、でもやっぱりくやしくて、そうはいってもうれしくて―」って、ここで気持ちが揺らいでいるというより、迷っているというかそんな感じで、その後、行ってらっしゃいを言わなかったから急に悲しくなってって。これまで冷たい態度を取ってたことにやっぱり後悔しているんじゃないかと思います。次、二番目なんですけど、39段落で、「家で作ったご飯のほうが栄養あるから、かぜも治るから。」なんて、全然言うつもりじゃなかったのに、ここからお父さんを心配する気持ちが出てきて、二番目の気持ちの変化が出てると思います。

教師⑱　二カ所出たね。これ以外の場所を一番に選んでるグループから聞きたいんだけど。8班はどう?

子ども　48段落でお父さんがうれしそうに何度もうなずくのを見ていると、なんだかこっちまでうれしくなっていたっていう所。今まではケンカをしていて口も聞かなかったけど、この段落でお父さんがうれしいから、こっちもうれしいってことは絆が深まるっていうか、少しずつ繋がってきているということがわかる。

教師⑲　はい。別の場所がある?じゃあ5班。

子ども　僕たちは、38段落だと思います。理由は、何か作るよ、ぼく作れるからって言って、初めてこの所で自分からご飯作るよって言って。そういう所からも、お父さんが心配なところとかも出てきているので。

教師⑳　近い場所だよね。段落は変わったけど。38のどの言葉からわかる?

子ども　全体的にっていうか、ひろしの会話文で、何か作るよ、ぼく作れるからっていうのは、これは、文章には書いてないんですが、お父さんを思ってこういう風に作るよっていう優しさが出ているので、39の前に、38から心配しているという気持ちが分かると思う。

教師㉑　いかが、みなさん。どうですか?

子ども　同じです。

子ども　だけど…。

教師㉒　だけど……。どうぞ。

子ども　私も一番重要なのは38段落だと思うんですけど、注目する所が違ってお父さんがそういったとき思わずぼくは答えていたっていう所があるんですけど。

教師㉓　え、どの言葉、特に。

子ども　「思わず」。今までは謝ろうとして、謝る予定は立てていたんですけど、その時は思わずっていう風に、予想はしていなかったんですけど、心配して言ってしまったということになるので、変化が見られる。

教師㉔　ああ、そうでしたか。わかった。「思わず」という表現に目を付けてくれたんだね。つい言ってしまった。心配の気持ちが入っているのね。

【ここで熊谷先生は、29・39・48のあたりの三箇所が、出されていることを確認する。そして、この三箇所に絞って、読みを深めていくことを指示する。】

子ども　29段落、「ぼくのために目玉焼きを作ってくれたんだと思うとうれしくて、でもやっぱりくやしくて、そうはいってもうれしくて―」という所があるんですけど、そこ、ひろしの気持ちが変化しているという問題なんですけど、それは、ひろしが自分の中で考えてることであって、悩んでいることなので、ひろしの心情が変化していることにはならないと思います。

教師㉕　どうかな今の意見。みなさん、どう思う?

子ども　後悔とかそういうのは、前から出てたけど。

教師㉖　前からって、どの場面で後悔があったの?

子ども　自分でも困っているっていうふうに、24段落に書いてあった。

教師㉗　ああ、それは何日目だったっけ?

子ども　二日目。

教師㉘　ああ、そうか。じゃあ、ここから考えていこう。ノート後で取るから。みんなでこっち集中してくれるかな。今、3班は、変化じゃなくて、後悔が続いているんだと言ってたよね。音読するよ。

29の「でも、お父さんがねむい目をこすりながら、～そうはいってもうれしくて―。」の箇所を一斉読させる。この箇所に集中させ読みを深めようとする。

教師㉙　はい、ありがと。これはやっぱり、後悔ですか。

子ども　ダッシュが付いていることで、なんか迷いが出ているという感じがするんじゃないかな。

教師㉚　ここが迷いだと。これはみなさんいかが?じゃあ迷って、半々ですか。

子ども　違います。

教師㉛　じゃあ、ここの迷いって二日目と同じ?違う?

子ども　ここで考えて、ダッシュして迷って、その後に急に悲しくなったってことは、ここにやっぱりうれしくて、でも悲しくて、うーん、でその後、行ってらっしゃいを言わなかったことで急に悲しくなったってことで、ここでは、迷いは、二日目より強くなってる。

教師㉜ 二日目より強くなっている？

子ども 自分の中でよくわかっていない。

教師㉝ うれしいの、くやしいの、どっちなの？

子どもたち わからないから。／どっちかわからない。

子ども 悲しいのはわかる。

教師㉞ なぜくやしいんですか？

子ども 別に作らなくてもいいのに、作ってくれた。

子ども オーブントースターとか電子レンジとかそういうのを使わせてくれない…。

教師㉟ 使えないから悔しいんだ。つまりどういうこと、それ？オーブンレンジしか使えないということはつまり、何が悔しいの？

子ども オーブントースターと電子レンジしか使わせてくれないっていうことは、前にもあったような、子どもみたいに思われているっていう所が、やっぱりくやしくてって出てきたんじゃないかなと思います。

教師㊱ はい、いい？じゃあ、うれしいのは、子ども扱いされてうれしいんですか？

子ども いや、違う。

教師㊲ じゃあ、何がうれしいんですか？

子ども お父さんは、眠いのに、ひろしのためにわざわざ忙しい朝でも、目玉焼きを作ってくれてたので、それがうれしいのだと思います。

子ども 僕も同じで、お父さんが会社に行くのも早いし朝忙しいのに、自分のために目玉焼きを作ってくれたって所が、うれしくなったんだと思います。

教師㊳ 目玉焼きを作ってくれたからうれしいんだ。なんでだろうね？

子ども 相手、つまりお父さんなんですけど、お父さんが自分のことを思ってくれているという愛情みたいな、そういうのがうれしかったんだと思います。

教師㊴ 初日、お父さんの愛情を感じる場面って？

子ども ない。ここで初めて…。

教師㊵ なるほど、そういうことか。うんうん。なるほど。じゃあ、やっぱり迷ったままなのかな。両方とも同じくらいなのかな？

子ども うれしい方が多い。

子ども 急に悲しくなった…。

【ここで熊谷先生は板書をもとに、再度29のあたり、39のあたり、48のあたりの三箇所を示し、その違いに着目させようとする。】

子ども　33段落から36段落で、35段落で、「だいじょうぶだいじょうぶ」と元気つけて、そこからクライマックスに行ったんだと思いました。

教師㊶　33～36段落にもさ、うれしいとくやしいっていう、なんか二つの気持ちがあるよね。どんな気持ちとどんな気持ちがある。

子ども　謝りたいっていう気持ちと、…。

子ども　…かっこわるいなっていう。

教師㊷　うん、みんなの言葉を使えば迷ってるんでしょ。そのちょっと前でもね。迷ってる。じゃあ48のあたりは、まだ迷ってる?

子ども　ここではもう…。

4　48段落の読みとり

教師㊸　48は迷ってるかな?48について、どういうひろしの気持ちが読めるか、ちょっと考えて。

ここから班の話し合いがまた活発に始まる。熊谷先生は各班を回り、班の話し合いに積極的に関わっていく。そのことが話し合いをより活性化させている

【以下7班の話し合い】

子ども　29のあたりはやっぱり、悔しいとか悩みとかあるんだけど。

教師㊹　うれしくなった理由はなんなの?

子ども　自分のために、お父さんが無理して…。

教師㊺　でしょ。48のうれしい理由はなんなの。

子ども　こっちのうれしい理由は、お父さんが…。

【以下3班の話し合い】

教師㊻　ねえ、うれしいって、同じうれしさなの?

子ども　違う、ちょっと変わってる。

教師㊼　どう違うの。ちょっとじゃなくて、すごい変わってるよ。うれしくなった理由が違うでしょ。

【4班の話し合いの中での意見】

子ども　お父さんは、ひろしのことを子どもっぽいと思ってたじゃないですか。でも、そうか、ひろしも中辛なのか。そうかそうかって言ったことによって…。

【ここで熊谷先生は、4班の子どもの意見を取り上げ、全体に向けて発表するように指示する。】

【ここから全体での話し合い。】

子ども　そうかひろしも中辛なのか、そうかそうかって、お父さんはひろしのことを子どもっぽいと思ってたじゃないですか。でも、ひろしも中辛なのかって、お父さんは、ひろしのことを子どもっぽくないって認めてくれたんだと思います。

子ども　成長したってこと。

教師㊽　はい、どのグループいく今度？

子ども　中辛のカレーによって、お父さんはひろしの成長した姿を感じたり見ることができたと思います。

教師㊾　成長しているってどういうことかな。別の言い方で言うとどうなるかな。

子ども　進化しているっていうか、3年生の時までは、甘口でもよかったんですけど、もうすぐ中学生のひろしでも、お父さんはまだ甘口でもいいなって思ってたんだけど、でもひろしは自分から中辛がいいって言ったから、それで認めてくれたんじゃないかと思います。

教師㊿　何をどう認めたか言ってほしいんだけどな。

子ども　この物語で甘口っていうのは、なんか子どもっぽいっていうのを言ってて、中辛っていうのは大人っていうふうになっているので、そうかひろしも中辛なのかっていうのは、ひろしも来年から中学生で、大人になったなって、うれしそうにお父さんは何度も頷いた。それに影響されてひろしもうれしくなった。

教師㉛　ひろしがなんでうれしいのかというと、大人になったのを認めてもらったからですか？うん、まあそうだけど。え、なになに。お父さんが？

子ども　お父さんが喜んでいることで、ひろしもうれしくなってきた。

教師㉜　ひろしは、お父さんが笑っているのを見て……。

子ども　うれしくなってきた。

教師㉝　これってどういうこと？

子ども　お父さんに対する気持ち…。

子ども　お父さんのことが嫌いだったけど…。

子ども　お父さんに対し怒る気持ちがなくなってきた。

教師㊹　親を見てさ、あ、お父さん喜んでる、うれしそうだな。うん、えらいえらいって言ってる子どもって、どういう子ども?なかなかの子どもじゃない?なんか、みなさん、自分の親に、お母さん今日なかなかいいよ、うれしそうだよとかって……。

子ども　言わない。

教師㊺　言わないけど、そういうこと感じる?お父さん、今日はどうも機嫌良さそうだよって、いいなって。

子ども　カレーをきっかけに仲直りした。

教師㊻　うん。こういうひろしって、さっき誰かが成長って言ったけど。

子どもたち　大人っぽくなった。／大人と一緒。

教師㊼　大人と一緒。黒板、もう一回見て。今日みんなで話し合ったことはこういうことになりました。この段階でもう一回聞いてみるか。最も ここが激しく変わってるんじゃないかなって改めて考えるとどの辺り?

【熊谷先生は、29・38・48のどのあたりで大きく変わったのか、子どもに手を挙げさせる。29・38には誰も手を挙げず、48で子どもたちの考えは一致する。】

教師㊽　あれ?じゃあ、みなさん、48になっちゃったの。またそんな、誘導尋問したみたいに（笑）。ひろしは、ここで一番変わったと思ってるの?なら、最後の日記。ひろしの気持ちになって書くんだから、今、みんなが手を挙げたんだったら、なぜここでいっぱい気持ち変わったか、日記に書いて教えてちょうだい。

子ども　いや、でもちょっと待てよ…。38だと思うな。

教師㊾　うん、わかった。38でもいいよ。三日目のひろしの気持ちの変化、ひろしになって書いて。

【子どもはノートに三日目のひろしの日記を書き始める。熊谷先生は見て回り、一人の子どもに発表させる。】

子ども　お父さん、僕が中辛のカレーをいつも食べていること、知らなかったんだ。なんか、僕の成長を、お父さん受け止めてくれたみたい。お父さんうれしそうだったな。今度は別の料理を作ろうと約束したし、ごめんなさいは言えなかったけど、お父さんのうれしい顔が見られてよかった。

【次の時間の課題を提示し、授業を終えた。】

教材文「カレーライス」（重松清）山場本文（『国語六』光村図書、二〇一一年、18～25頁）

26 翌朝、自分の部屋から起き出したぼくと入れかわるように、お父さんは、
「悪いけど、先行くからな。」

と、朝食も食べずに家を出ていった。「お父さんウィーク」では、よくあることだ。会社から早く帰ってくる分、朝は一番乗りして、ゆうべできなかった仕事を片づけるのだ。


（中略）

28 食卓には、目玉焼きと野菜いためのお皿が出ていた。黄身がくずれているから、お父さんが作ってくれたのだろう。朝は時間がないんだから、おかずなんか作らなくてもいいのに。目玉焼きぐらい、ぼくはもう作れるのに。
29 でもお父さんは、
「火を使うのは危ないから。」

と、オーブントースターと電子レンジしか使わせてくれない。それがいつもくやしくて、でも、お父さんがねむい目をこすりながら、ぼくのために目玉焼きを作ってくれたんだと思うとうれしくて、でもやっぱりくやしくて、そうはいってもうれしくて――。「いってらっしゃい。」を言わなかったから、急に悲しくなってきた。
30 朝食を終えて自分の部屋にもどったら、ランドセルの下に手紙が置いてあった。
31「お父さんとまだ口をきいてないの。お父さん、さびしがっていましたよ。」
32 絵の得意なお母さんは、しょんぼりするお父さんの似顔絵を手紙にそえていた。
33 学校にいる間、何度も心の中で練習した。
34 お父さん、この前はごめんなさい――。
35 言える言える、だいじょうぶだいじょうぶ、と自分を元気づけた。
36「うげえっ、そんなの言うのってかっこ悪いよ。」と自分を冷やかす自分も、むねのおくのどこかにいるんだけど。
37 夕方、家に帰ると、お父さんがいた。
「かぜ、ひいちゃったよ。熱があるから、会社を早退して、さっき帰ってきたんだ。」
38 パジャマ姿で居間に出てきたお父さんは、本当に具合が悪そうだった。声はしわがれて、せきも出ている。
「晩ご飯、今夜は弁当だな。」

お父さんがそう言ったとき、思わず、ぼくは答えていた。

「何か作るよ。ぼく、作れるから。」

「えっ。」

「だいじょうぶ、作れるもん。」
39 お父さんは、きょとんとしていた。でも、いちばんおどろいているのは、ぼく自身だ。
「家で作ったご飯のほうが栄養あるから、かぜも治るから。」

なんて、全然言うつもりじゃなかったのに。

「いや、でも――。」

と言いかけたお父さんは、少し考えてから、まあいいか、と笑った。

「お父さんも手伝うから。で、何を作るんだ。」
40 答えは、今度も、考えるより先に出た。
「カレー。」

「だって、おまえ、カレーって、ゆうべもおといも――。」

「でもカレーなの。いいからカレーなの。絶対にカレーなの。」
41 ほっぺが急に熱くなった。子どもみたいに大きな声で言い張った。
「じゃあ、カレーでいいか。」
42 お父さんは笑って、台所の戸だなを開けた。
「おととい買ってきたルウが残ってるから、それ使えよ。」
43 戸だなから取り出したのは――甘口。お子さま向けの、うんとあまいやつ。お母さんが、
「ひろしはこっちね。」

と、ぼくの分だけ別のなべでカレーを作っていた低学年のころは、ルウはいつもこれだった。

「だめだよ、こんなんじゃ。」
44 ぼくは戸だなの別の場所から、お母さんが買い置きしているルウを出した。
「だって、ひろし、それ『中辛』だぞ。からいんだぞ、口の中ひいひいしちゃうぞ。」

「何言ってんの、お母さんと二人のときは、いつもこれだよ。」
45 お父さんは、またきょとんとした顔になった。意外そうに、半信半疑できいてくる。
「おまえ、もう『中辛』なのか。」
46 ああ、もう、これだよ。お父さんって、なあんにも分かってないんだから。
47 あきれた。うんざりした。
48 でも、
「そうかあ、ひろしも『中辛』なのかあ、そうかそうか。」

と、うれしそうに何度もうなずくお父さんを見ていると、なんだかこっちまでうれしくなってきた。
49 二人で作ったカレーライスができあがった。野菜担当のお父さんが切ったじゃがいもやにんじんは、やっぱり不格好だったけど、しんが残らないようにしっかりにこんだ。台所にカレーのかおりがぷうんとただよう。カレーはこうでなくっちゃ。

（中略）

51 食卓に向き合ってすわった。「ごめんなさい。」は言えなかったけど、お父さんはごきげんだし、「今度は別の料理も二人で作ろうか。」と約束したし、残り半分になった今月の「お父さんウィーク」は、いつもよりちょっと楽しく過ごせそうだ。
「じゃあ、いただきまあす。」

口を大きく開けてカレーをほお張った。ぼくたちの特製カレーは、ぴりっとからくて、でも、ほんのりあまかった。


（番号は、熊谷　尚による。）

2　授業へのコメント　その1
――文学教材の授業における解読リテラシー

折出健二（愛知教育大学）

1　問題設定

授業記録を分析するに当たって、筆者がベースに置いている見方・考え方を述べておきたい。授業の構図については、「授業の三角形」とよく言われる。それは子ども・教師・教材（学習材）をさすが、筆者は「授業の四辺形」で授業を捉える。それら三要素に「（教科固有の認識活動の）方法」という要素も加える授業構成モデルである（参照、拙著『学習集団の指導過程論』明治図書）。今回、記録を読ませていただいた国語授業は、「山場・線引き」という用語からわかるように、国語科固有の「構造よみ」の方法に基づいて展開している。

次に、教師の言語活動である指導言については、教材の読み取りに係わるものと、学習集団の活動・関係性に係わるものがある。さらに、指導言の機能としては、大きくは発問・指示・説明・評価の四つが基本となる。

熊谷尚氏の実践では、教師の指導言が59件あるうち、集団指導的なものは二件（教師⑤、㊽：授業記録における発言番号。以下同じ）であり、それも指示的なものである。ただ実際には教師㊸の後の「コメント」にあるように、教師は班の話し合いの間に細かな助言をしている。特に学びの指導ではここは大事な論点である。このことの意味合いについては、小論の最後に述べたい。

2　読みのリテラシーとは何か

言語学者の外山滋比古氏による『自分の頭で考える』（二〇一三年、中公文庫）に、「古典の読み方」を述べた箇所がある（同書一六〜一三六頁）。その中で国語授業における文学教材を読む意味について述べており、その論点は、今回の授業分析にも関わりがあるので、以下に要旨の形で引用しておく（括弧の部分は外山氏）。

「読むのには二つの異なった読み方」がある。一つは、「内容がある程度わかっている文章を読むときの読み方」で、「前の晩に観戦した野球の試合のことを伝える新聞の記事を読むとき」である。これを「一次的リテラシー」と呼ぶ。これとは異なり、「内容が未知であるか、それに近い表現」で、いわゆる「チンプンカンプンに近いもの」を読むときの読み方が、「二次的リテラシー」である。

氏によれば、一次的リテラシーとは、「主として記憶と再認によって読む」力であり、二次的リテラシーは「洞察と想像によって解読する」力である。「一次から二次へ、段階的に移行することはほぼ不可能」であるが、学校教育では、「文学教材を読ませることで、一次的リテラシーから二次的リテラシーへ移行させる方法」が取られてきた。文学的表現はわかりやすく、読む者に一次的リテラシーでもわかる感じを与えるから、子どもにとって「文学読みもの」は「二次的リテラシーへの橋渡し」になる。文学教材を読むことは、「解読リテラシー」の修得に近づくためにそうするのだが、我が国の学校教育ではそのことを意識化した指導ができているか。

以上が、外山氏の「読み方」論の要旨である。氏の論点は「古典の読み方」にあるのだが、文学教材の授業のもつ認識発達のテーマにとって示唆するものがある。それを私は、文学教材の授業における「解読リテラシー」の指導という形で、本稿の主題にしてみた。

3 解読リテラシーにとって必要な指導とは

作品「カレーライス」は、「ひろし」と同様の経験もある6年生の子どもたちにとっては、「一次的リテラシー」で読み込むことはそれほど難しくはない。そこから、この作品の構造・形象・主題へと、まさに「洞察と想像によって解読する」読みにせまっていく（深めていく）にはどのような指導が必要なのか。

今回の授業を私流に受け取れば、熊谷実践の投げかけた実践的研究の論点はそこにある。

つまり、私見では、熊谷氏が認識活動のために応用している方法論は、文学作品を使った授業において、一次的リテラシーから二次的リテラシーへの移行を意識化したものである。二次的リテラシーへの移行は「心情読み」あるいは「形式段階読み」では達成されない。文学の読みが単に共体験の心情的な読みで終わらず、二次的リテラシーにせまる、あるいはその基礎的な修得につながるように文学教材を読むには、読みをどう捉え、どのように授業に活かしていくのか。その指導過程の科学性・論理性とは何か。科学的「読み」の授業研究会が実践を切り開き、今後更に深化させようとしている研究課題も、そのことと重なってくると言えよう。

4　熊谷実践の意義と課題

授業で教師は、「ひろし」(以下では、括弧なしで使う。)の変化を読むことにしだいに発問を絞っている。それらを順に取り上げると、こうなる。

教師⑰「なんでうれしくなったの?」

教師㉝(後悔なのか迷いなのかを問いながら)「うれしいの、くやしいの、どっちなの?」

教師㊲「何がうれしいんですか?」

教師㊸「48(段落)は迷ってるかな?　48(段落)についてどういうひろしの気持ちが読めるか」

教師㊺「48のうれしい理由はなんなの」

教師㊻「うれしいって、同じうれしさなの?　」

このように、教師は「うれしさ」の理由を聞き、二日目と三日目のひろしの気持ちの違いを聞いている。しかし、「うれしさ」の中身、どういううれしさなのかへの切り込みが弱い。とはいえ、熊谷氏の指導意図はつらぬかれた。教師㊾以下で、「三日目のひろしの気持ちの変化」に焦点化して子どもたちに考えさせ、段落48の意味に気づかせ、「ひろしの気持ちになって」「日記」を書かせた。

ある子どもが書いた「僕の成長を、お父さん受け止めてくれたみたい」という箇所はポイントであり、ここに、この子の読み取り方と共同的な学びの成果が出ている。

ひろしが、これまでの甘口のカレーではなく「中辛」を作ると言ったことで、父親は、もうすぐ中学生になるひろしの成長を実感し、その父親に映った(認められた)自分の姿をみてひろしはうれしくなったからだ。それは、関係性の文学として言えば、他者の中にいる自己に出会うという関係性の物語の核なのである。

クライマックスの場面で、ひろしが「ぼくたちの特製カレー」と表現している点も、この作品の読みのポイントだ。叱られたことに謝れないままでいるひろしにも、みずからの立腹した行為の修復をはかった父にも、ぴりっと辛い出来事だった。ひろしはまだ「ごめんなさい」を言えていないのであるから、今までとは違う、父との関係性修復ができているとは言いがたい。しかし、カレーの味が「ほんのりあまかった」のは、父との仲直りのきざしが実感できたからだ。

他者を受け入れ認める過程には、しこりをひきずることや自分を客観視することの弱さを伴うが、それでいいのだと、作者は伝えたいのである。中辛だが甘い、カレーライスの味ならではの自己・他者の象徴性、そういう他者との出会い直しの身近な物語を主題に読み込んだことが、この教材の特質である。熊谷氏は、子どもたちのその読み取りをリードできたと言える。あとは、作品の主題読みで子どもの解読リテラシーが試されるであろう。

ところで、外山氏がまったくふれていない論点がある。それは、解読リテラシーの獲得に学び手どうしの関係性が深く関与する、という問題だ。教室の実践では、これは学びに取り組む学習集団の指導として追究されてきている。残された紙幅で、この問題を見ておきたい。

まず、授業における班活動は、秋田大学附属小学校の実践の積み上げでスムースに行われている。その証拠は、冒頭でも述べたように、授業記録の全指導言の内、集団的な面のそれが二件しかないことだ。ただし、それは学習に取り組む子ども集団の指導をしていないのではなく、授業展開でいちいちその指導をする必要がない程に、子どもたちの間で定着しているということである。

二つめに、その一方で、班の話し合いの後は、例えば、まだ発言のない子を優先して班長（学習リーダー）が発言要求をするとか、子ども相互の関係性はどうであったか。ここは、実際の授業を観察しないと見えない。

三つめに、読み取りの過程で段落29、38が出てきた時に、教師は「証拠を探してくれた?」と論証を促してはいるものの、論拠を出し合いながら、なぜ相手方の意見に与しないのか、という論争的な関係へのせり上がりが弱い。そのために、あまり討論を経ずに段落48で一致する結果となったのである。今後の課題だと思う。

3　授業へのコメント　その2
――子ども自身が自らの力で作品の重要箇所を発見する力を育てる授業

阿部　昇（秋田大学）

1　子ども自身に作品のポイントを発見させる力を育てている

熊谷先生の授業の基本には、子ども自身が重要箇所を自力で発見することを重視する考え方がある。これまでの国語の授業では、何と言っても教師が重要箇所を指し示すというものであった。たとえ子どもが発見したように見えても、実際には教師が誘導しているだけという場合が少なくなかった。それを克服するという強い指導理念が、熊谷先生の授業にはある。

具体的には、物語の「クライマックス」（51）を読みとらせた後に、「それとの関係でひろしの見方の変化の節目を発見する」という指導である。だから「ひろしの気持ちが特に変化したところはどこか決めよう」という課題がはじめに提示される。

実際に子どもたちは、作品のテーマに迫るような重要箇所を指摘し出す。教師③の直前で紹介されている子どもが指摘した四カ所（A～D）は、いずれも重要な「事件」の節目＝「事件の発展」にあたる。

29は、「くやしくて」でも、「うれしくて」でもやっぱり「くやしくて」そうはいっても「うれしくて」という揺れ続けるひろしの感じ方。そして、最後に「急に悲しくなって」くる。作品の節目の一つである。34の「お父さん、この前はごめんなさい」と36の「うげぇっ、そんなの言うのってかっこ悪い」との揺れも重要である。

また、38の「思わず」、39の「いちばんおどろいているのは、ぼく自身だ」「全然言うつもりじゃなかったのに」なども重要箇所である。

ひろしの見方・感じ方の大きな揺れ、そして自分で自分をつかみきれないいらだち。いずれもひろしの中で新しい自分、もう一人の自分が生まれ始めていることを示唆している。大きな揺れと意外な自分へのとまどいは、何度も繰り返されつつ、同時に発展もしている。

それらは、48の「なんだかこっちまでうれしくなってきた。」そしてクライマックス51の「『じゃあ、いただきまあす。』／口を大きく開けてカレーをほお張った。」で解決していく。

子どもたちがここまで適確に重要箇所に着目できたのは、熊谷先生が本時以前に「クライマックス」への着目を丁寧に指導していたからである。クライマックスは、作品の事件の決定的な場面である。「事件」全体がそこに向かって仕掛けられていると言ってもいい。だから、クライマックスを確認し、そこから振り返っていくと、「事件」が発展する箇所が見えてくる。ただし、熊谷先生はそれでよしとはしない。それらの中でも「特に」変化が大きいところはどこかを考えることを子どもたちに要求していく。それがさらに読みを深めさせていく。

2　振り返りながら事件の発展の意味を深めていく

クライマックスとの関係で「事件の発展」の重要箇所を発見させるだけでなく、展開部の「二日目」以前にもどることも指導している。教師⑧「ああ、今までっていうのは、二日目より前にはなかったってことか。」という指導言。そして、その直後のグループでの話し合いの中での教師の助言―「5班は38、二日目の昼と比べて考えているよ」「二日目のひろしと比べて考えてみたら」さらに教師⑪「二日目はどう書いてあったかって戻ればいいんじゃない」などである。

山場の読みとりでは、展開部を振り返りながら読むことが大切である。それをすることで、作品全体の形象の流れがはっきりと見えてくる。それにより読みに豊かさが出てくる。当然作品のテーマに迫ることにもなる。熊谷先生は、他の作品でも応用できる重要な読みの方法を指導している。

それによって子どもたちは、作品の「事件」を大きく俯瞰的に捉え直している。教師⑬の後の子どもの「前の日と比べて?」、教師㉓の後の子どもの『思わず』～変化が見られる。」、教師㉛後の子どもの「二日目より強くなってる。」などからそれがうかがえる。

3　優れた子どもの発言を引き出す機会を逸している

優れた指導だが、いくつかの課題もある。まず、子どもの重要な発言を焦点化し、それをみんなで読み広げ、読み深めていくという要素が弱い。

たとえば、教師⑱の前で子どもは、29の「うれしくて、でもやっぱりくやしくて、そうはいってもうれしくて」「急に悲しくなって」を取り上げながら読みを提案している。同時に39「全然言うつもりじゃなかったのに。」を取り上げ、「二番目の気持ちの変化」を指摘している。

しかし、熊谷先生は、これにはほとんど反応しないで、すぐに教師⑱「これ以外の場所を一番に選んでるグループから聞きたいんだけど。」と別の箇所に移ることを促している。

ここでは、「『うれしくて、でもやっぱりくやしくて、そうはいってもうれしくて』そして『急に悲しくて』──なんでこんなに気持ちが動いてるの？」と問い返したり、「『全然言うつもりじゃない』って、こんなこと前にもなかった？」などと聞き返すことは可能であったはずである。それによって、ひろしの揺れの意味と、もう一人の自分の出現に気付かせることができたはずである。

教師㉓の後でも子どもは「『思わず』。今までは謝ろうとして、謝る予定は立てていたんですけど、その時は思わずっていう風に、予想はしていなかったんですけど、心配して言ってしまったということになるので、変化が見られる。」と発言している。重要な発言である。しかし、教師は「つい言ってしまった。心配の気持ちが入っているのね。」と応えただけでで、それ以上深めようとしていない。

ここでは、「『思わず』と似た書き方のところなかった？」「こういう言い方、何か他にもあったような気がしない？」「どこ？」などと助言し、さらに「どうしてこういう表現が繰り返されているんだろう？」などと、迫っていくことができたはずである。

それができていれば、「事件の発展」の一貫性と変化の内実がより鮮やかに浮かび上がってきたはずである。また、そういう読み深めが十分されていれば、授業の最後でほとんどの子どもが「48が最も大きな変化」へと流れてしまうこともなかったはずである。48は、「お父さんを見ていると、なんだかこっちまでうれしくなってきた。」とひろしの揺れや迷いがだんだんなくなってくる部分である。そこは、確かにそのままクライマックスにつながっていくのだが、逆に言えばクライマックスとの差はない。そこを最大の変化と読むことも可能ではあるが、そこだけに「最大」の見解が集中してしまうことは不自然である。他の部分の変化の意味、大きさが十分に読み取れていなかったことの裏返しでもある。

4 「変化」をめぐり論争を巻き起こすチャンスを逃した

「変化」をめぐり子どもたち相互の読み取りの違いを顕在化させるチャンスがあった。そこを取り上げることで、それまでの読み取りをより立体的に見直すことができた。テーマにもより迫ることができたはずである。

それは、教師㉔の後の子どもの発言「～『うれしくて、でもやっぱりくやしくて、そうはいってもうれしくて―』という所があるんですけど、～それは、ひろしが自分の中で考えてることであって、悩んでいることなので、ひろしの心情が変化していることにはならないと思います。」である。29の「くやしくて」でも、「うれしくて」でもやっぱり「くやしくて」そうはいっても「うれしくて」という揺れのくり返し、そして「急に悲しくなって」という心理。これはひろしの「変化」と言えるか言えないか。それ以前のひろしを振り返る絶好の機会であった。

それ以前も、たとえば「お父さんと口をききたくないのは、そんな子どもっぽいことじゃなくて、もっと、こう、なんていうか、もっと――。」「でも、分かってることを言われるのがいちばんいやなんだってことを、お父さんはわかってない。」「言葉がもやもやとしたけむりみたいになって、むねの中にたまる。」「今までなら、あっさり『ごめんなさい。』が言えたのに。」など、ひろしの揺れや新しい自分へのとまどいが読める。しかし、それ以前は①「くやしくて」→②「うれしくて」→③やっぱり「くやしくて」→そうはいっても④「うれしくて」というほどの大きな揺れではない。また、それ以前には「急に悲しくなって」という揺れはない。繰り返されつつも、ひろしの見方は、発展・変化している。そのことを読み取っていく絶好のチャンスを逃してしまっている。

4　授業者自身のコメント

熊谷　尚（秋田大学教育文化学部附属小学校）

1　常に文章に立ち戻って読みを深める

「カレーライス」の中心人物「ぼく（ひろし）」は、ささいな出来事をきっかけにして、家族とどう向き合っていったらよいのか迷い、自分でも収拾がつかなくなるほど混乱していく。一人称で語られる文章には、渦中でゆれ動く「ぼく」が印象的に描き出されている。その姿は、子どもたち自身の経験とも重なる部分があるはずであり、大いに共感しながら「ぼく」の心情に迫っていけるだろうと予想した。

しかし、自身の経験といった作品の文脈の外にばかり目が行ってしまうことは危険である。それでは国語科として読みの力を付ける学習にはならない。文章中の言葉や表現に着目し、そこから「ぼく」のどのような心情が読めるのか、「ぼく」の「父」に対する見方はどこでどのように変化したのかなど、作品の文脈に沿った読み取りが大切にされなければならない。「どこに書いてあるの」「どの言葉からそれが分かるの」と、常に文章に立ち戻らせる助言をしながら、言葉や表現にこだわって読みを深める子どもを育てたいと思っている。

2　クライマックスにつながる変化の「節目」を見つける

この物語のクライマックスは、「『じゃあ、いただきまあす。』／口を大きく開けてカレーをほお張った。」である。前日、前々日のカレーの食べ方の描写と比べ、「ぼく」の様子ががらりと変わっていることを改めて確認し、その大きな変化に至るまでの「節目」となる箇所を「お父さんウィーク三日目」の場面全体から各自探しておくところまでを前時に行った。本時は、何箇所も見つけた中で「特に大きく変化したところはどこか決めよう」という学習課題を設定し、四人グループと学級全体での話合いを重層的に組み合わせながら授業を展開した。

発端・山場の始まり・クライマックスなどの作品構造を捉えておくことで、事件展開のどこをこそ読まなければならないかを子ども自身が見いだしていけるようになる。特にクライマックスへの着目は、最も重要である。クライマックスは、事件の中の最大かつ決定的な「節目」であり、そこに向かって様々な形象が仕掛けられていると言ってよい。クライマックスを意識しながら事件展開を読み直すことで、いわゆる「伏線」が見えてきたり、人物の行動や心情の変化とその理由が明らかになったり、作品のテーマが浮き彫りになったりするのである。

この授業で子どもたちが「節目」として挙げた箇所は、28～29段落の「くやしくて→うれしくて→悲しくなってきた」、33～36段落の「だいじょうぶだいじょうぶ→うげえっ」、38～39段落の「思わず、ぼくは答えていた」、47～48段落の「あきれた。うんざりした→なんだかこっちまでうれしくなってきた」などであり、それらはどれも適確なものであった。今回の授業を通して、「構造よみ」を「形象よみ」へとつなげていく指導過程の有効性を改めて実感するに至った。また、「二日目は〇〇だったけれど、三日目は…」というように、前後の場面を比べながら話し合う子どもの姿が多く見られた。「ひろしの日記」として毎時間の読み取りをノートに書き溜めておいたことが功を奏したかたちとなった。

授業の山場は、29段落の「うれしくて」と48段落の「うれしくなってきた」を対比させ、なぜうれしくなったのか、その理由を文章に立ち戻って考えてみるように促した場面であった。前者は親の愛情を感じてのうれしさ、後者は、自分の成長を認めてもらったうれしさである。そもそも「ぼく」のもやもやの原因は何だったのか、そこに立ち返って考えると、後者の方が「ぼく」にとってよりうれしいことだったに違いない。授業の最後に問うたとき、48段落の周辺が最も重要な「節目」だと考える子どもが圧倒的に多かったが、子どもたちがたどり着いた読みは、妥当なものであったと考えている。

1 「生きた言語活動」を中核とする国語学習
――「読むこと」の学習を中心に

田近洵一（東京学芸大学名誉教授・前早稲田大学教授）

1 「言語活動主義」への反省

戦後の国語教育は、言語活動主義・言語生活主義を指導理念として出発した。しかし、それは、「活動あって、学習なし」として批判され、昭和三〇年代には、早々と系統主義・能力主義にとってかわられた。その後、昭和四〇年代は、情報化社会の進展とともに多様化の時代といわれてさまざまな活動が開発されたが、昭和五〇年代に入ると、「言語活動主義から言語能力主義へ」が標榜されて、「言語の教育」が強調された。

そのような歴史を背負いながら、知識基盤社会といわれる今日、三たび、「言語活動」の重要性が強調され、その充実が教育課題となってきた。それは、言語学習はもちろんのこと、すべての領域の学習が、言語活動なしには成り立たないということがわかってきたからだ。では、なぜ、これまで言語活動の重視が繰り返し批判されなければならなかったのだろうか。それは、言語活動自体が空洞化していたということではないだろうか。

端的に言って、活動が楽しければいい、あるいは活発な活動であればいい、というものではないのだ。それを通して、言語能力の向上に資するようなもの、言語活動のあり方としていうなら、主体的な活動として文字通り充実したもの、あるいは、学習者にとって生きた言語活動であるということが大事なのだ。私たちは、改めて、言語活動の本来的なあり方を問うて、これからの国語学習への展望を拓いていかなければならない。

2 生きた言語活動

国語科の場合、国語学習は、言語活動を通して成立する。とは言っても、日常生活に直結するあれやこれやの活動をやらせれば、それで言語力が身につくというものではない。その人（主体）にとって価値のある、生きた言語活動を学習として経験することが必要なのだ。

「生きた言語活動」とは、生活に役立つあれやこれやの活動ではない。その人にとって、人との関わりや思想の形成を通して、自己の世界を創り出し、自己を充実させていく活動である。つまり、言語活動の本質は、自己の世界の創造にある。言語主体にとって、新しい世界を切りひらく自己創造としての言語活動をこそ、言語学習の基軸に据えなければならない。

「書く」も「読む」も、その言語活動としての本質は、自己の認識・思考を生成するとともに、他者との関係を形成していくこと、つまりは自己の世界の創造にある。その行為が学習活動であっても、学習者は、そこに新しい自己を生み出していく。話す・聞く・書く・読むの活動が、新しい自己を生み出す行為として成立するとき、それは「生きた言語活動」となるのである。

3 読む活動自体の充実——その1

(1) 意味世界を創り出す〈読み〉

文学の〈読み〉（＝読むという言語活動）の学習の場合について考えてみよう。

前述したことだが、〈読み〉の学習は、〈読み〉の行為を通して成立する。〈読み〉の学習の成立を保証するのは、充実した〈読み〉の行為である。

たとえ、学習であっても、文学テキストを前にして、学習者は、一人の読者である。一人の読者としての〈読み〉の行為の成立なくして、〈読み〉の学習はない。文学テキストの言葉と関わり、わが内に作品世界を自ら創出する行為を通して、初めてその行為が〈読み〉の学習として成立する。学習者にとっては、自己創造の生きた言語活動こそが、生きた学習となるのである。

読者である学習者にとって、教材文は、それ自体、読書材として固有の価値を有する文学テキストである。彼は、一人の読者として、テキストのことばの仕組みをとらえ、文脈化して、わが内に意味世界を生成していく。その「読み」の行為を通して、自ら一人の読者として生きてこそ、それは、学習者にとって価値ある、生きた言語活動となるのである。読むことの学習は、その生きた「読み」の行為の成立とともにある。

(2) 説明文〈情報テキスト〉の〈読み〉の視点

国語学習を、「生きた言語活動」として成立させるようにしたい。言い換えると、自己の世界を創造する行為として成立させたい。新しい世界創造の手応えがあって、はじめてその活動は楽しいし、また学習活動としても実のあるものとなるのである。更に、説明的文章の読むことを例にして考察を進めよう。

①情報の〈読み〉——ことがらを情報化する

そもそも、文章(テキスト)は、読まれて初めて存在する。すなわち、読者の前にあるのは語とその連鎖からなる言語的資材に過ぎない。読者は、それを読むことでわが内に文脈を形成し、一つの意味世界を生成していく。

説明的文章(情報テキスト)の場合で言うと、読者は、まず指示内容としてのことがらを情報として受け止める。読むことのおもしろさの第一は、そのような、指示内容としてのことがらを、価値ある情報として受け止めることにある。そこに、自分にとって価値ある情報があるから、読むことはおもしろいのである。

〈読み〉のはたらきの第一は、必要感をもって文章の指示内容(ことがら)をとらえ、何らかの必要のもとに情報として価値づけする(必要な情報として価値づける)、そして、価値ある情報として活用するところにある。要するに、読み取ったことがらに情報としてのおもしろさを発見していくのである。

言うまでもないが、以上の〈読み〉は、指示内容をとらえるだけの「ことがら読み」ではない。単に指示内容をとらえるだけでなく、情報再生産の〈読み〉の意識を持って、文章(テキスト)を情報源としてとらえ、そこから必要な情報を取り出して自分の情報生産に生かすようにしなければならない(それが、今日、リテラシーの能力として求められている「活用型の読解力」である)。

以下、教材「さけが大きくなるまで」(小2)を例に、具体的な学習活動をあげていこう(この教材文は、繰り返し音読しただけでも簡単に内容が読み取れるような文章である。ここでは強いてそのような読みの抵抗の少ない文章を例に、情報テキストの〈読み〉につき検討していくことにする）。

［学習活動例］
1、ことがら（題材）を読む
ア、さけが大きくなるまでのようすを、整理する。
イ、さけのようすを、写真を見ながら説明する。
2、情報として読む（必要な情報を取り出す）
ア、さけの一生を、紙芝居にして再発信する。
イ、さけの特徴（他の魚との違い）を説明する。
ウ、さらに知りたいことをとらえ、資料で調べる。

②論理と、その意味の〈読み〉――情報を支える論理

上記の情報を取り出す〈読み〉は、情報化社会の現代、特に求められている〈読み〉ではあるが、しかし、それはあくまで読者のモチベーションに応じた〈読み〉である。言ってみれば、読者の側からの〈読み〉であって、特定の筆者がいて産出された言語テキストそのものの本質を解明する〈読み〉にはなっていない。指示内容としてのことがらを取り出し、それを読者の側から情報として価値づける〈読み〉は、確かに主体的な活動だとは言えるのだが、その文章のことばの仕組みを解き明かし、ほかならぬその文章そのものの価値を明らかにする〈読み〉にはなっていないのである。

ほかならぬその文章そのものの価値を明らかにするには、まず第一に、指示内容であることがらをとらえるだけではなく、それを、どのような論理のもとに、どのような視角から、一つの情報として産出し、発信しているか、そこにどのような意味があるのかを明らかにしなければならない。読書行為として言うなら、前述したように、読者はことばの仕組みをとらえて文脈化し、自己の内に一つの意味世界を生成するが、それを確かなものにするには、ことばの仕組みに即して、文脈を形成する論理を明確にするとともに、そのような論理は何を意味しているか（そのような論理にはどのような意味があるか）を明らかにしなければならない。それは、ことばの仕組みの上に、そこに産出された情報の論理とその意味とを追究する〈読み〉である（物語テキストで言うと、物語展開の論理を解明するプロットの〈読み〉である）。

ことがらの〈読み〉から論理と意味の〈読み〉へ――言ってみれば、ただそれだけのことだが、読者の側から言うと、どんなこととどんなこととを、どういう関係で結びつけて、どう展開していっているか、そこにどんな意味があるかを、ことばの仕組みの上に明らかにしていくのである。

［学習活動例］
3、論理を読む
ア、時・場所の展開と関係づけて、ことがらの変化を説明する。
（時系列の論理で、変化・成長の過程を整理して説明する。）
4、意味を読む
ア、さけの行動の意味について説明する。
イ、ここでは何が描かれているか、そこにどんな意味があるかを、説明する。

③筆者の読み——情報発信者の「隠れた意図」

読者は、ことがら（題材）を情報としてとらえるが、しかし、そのことがら（題材）は、（情報発信の時点で）ある意図のもとに、あるものの見方・考え方によって、情報として産出・発信されたものである。情報受容者としての読者は、それを読まなければならない。

問題は、表には表れていないかも知れない、筆者の、その題材に対する、あるいは情報発信に対する「想い」である。すなわち、その情報産出を支えているのは、情報主体（発信者）のどのようなものの見方・考え方なのかを読むのである。一言で言うと、それは、情報を産出した筆者の「隠れた想《そう》」あるいは「隠れた意図」を追究する「読み」である。

［学習活動例］
5、筆者を読む
ア、筆者はどのようなものの見方・考え方しているかを考え（筆者の「想」を想定し）説明する。
イ、最も強く心に残っていることはどんなことか、筆者に言いたいことは何か、発表する。

4　読む活動自体の充実——その2
——「追究としての《読み》」を触発する「問い」

前節では、〈読み〉そのものを充実させるための視点（〈読み〉の視点）について検討した。しかし、その視点は、そのまま学習活動の視点にはならない。例えば、「意味を読む」を成立させるために「……に、どんな意味がありますか」と問うて、それに答えさせようとしても、「追究としての〈読み〉」の活動を触発することはできないからだ。

そこで、具体的には、テキストに即して、どんな「問い」を立て、どのような活動を設定するかが問題になる。例えば、
・「情報を読む」ために、ある目的あるいはある観点から、「……のようすを読み取り、紙芝居を作ろう」
・「意味を読む」ために、「……というのはなぜか、説明してみよう」
という具合にである。

特に後者の「追究としての〈読み〉」を触発するには、どのような「問い」を立てるかが鍵である。

そのような「問い」は、教材文の中の重要なことばを的確にとらえて意識化し、学習者の内に追究の意識を触発するようなものでなければならない。それはどういうことか、というと、
ア、「……」というのは、どのような考え方からか。
イ、「……」と言っていることには、どのような意味があるか。
というように、その「問い」に答えることが、教材文に即して、そのことばの仕組みを解き明かし、その意味を明らかにするようなものでなければならないということだ。いや、それだけではない。それに答えることが文脈を再＝構成し、情報を再生産するようなものでなければならない。大事なのは〈読み〉を触発する「問い」である。

そのような「追究としての〈読み〉」の行為の原点には、読書材（教材）に対する学習者の興味・関心、あるいは問題意識など、彼らの〈読み〉の行為への内発的動機がなければならないのは当然のことだ。しかし、「問い」に関して言っておかなければならないのは、教師の役割である。すなわち、学習の過程において、それを触発し、更に〈読み〉の課題を明確にするのは教師なのである。

もちろん、学習者の内発的動機は重視しなければならない。しかし、どのような学習活動を展開するのかの責任は教師にある。更に言うなら、価値ある〈読み〉を成立させるには、どのような視点から教材文（テキスト）に切り込んだらいいのかがわかるのは教師なのである。

5　学習活動としての言語活動の充実
――〈読み〉の成立のために

(1)　学習活動としての「書く」「交流」

特に、学習活動として重要なのは、「書く」活動である。「書く」ことなしに、〈読み〉の能力の向上を確かなものにすることはできない。〈読み〉の成立を確かなものにするのは、「書く」活動である。――私は、このことを一貫して主張してきた。

もちろん、読むことの学習の土台は声に出して読むことである。それで、私は、これまでも読解力を向上させるための音読・朗読について論じてもきた（特に、プロミネンスとポーズの重要性について）。しかし、〈読み〉の行為と意識的に取り組むには、また、自分の〈読み〉を振り返って（対自的に）明らかにしつつ、さらに確かにして行くには、どうしても「書く」と「話し合う」（交流）の活動が必要だし、教室における学習活動としては特に効果的な活動なのである。（以下、〈読み〉のための「書く」を取り上げ、そのポイントだけを記しておく）。

〈読み〉を確かにするには、文章（テキスト）の全体の文脈をとらえ、再構成していかなければならない（それは、文章の展開をまとめて把握する活動である）。また、文脈中のキーとなる語や、語とその連鎖のあり方（ことばの仕組み）をとらえ、その意味を明らかにしていかなければならない（それは、このような表現には、どのような意味があるかを把握する活動である）。

そのような活動が、「解釈」という作業である。解釈は、〈読み〉を成立させる重要な作業であるが、しかし、頭の中の活動（つまりブラックボックスの中の活動）である。それを、読者自らが意識的に行うには、問題を明確にし（「問い」を立て）それに関する思考を言語化していかなければならない。その活動が、「説明」（さらには「論述」）である。つまり、ブラックボックスの中の「解釈」は、内言によって成立するが、「説明」という言語活動は、それを確かにするのである。

なお、「交流」は、自分以外の解釈、あるいは感想・批評と出会い、自分の〈読み〉を相対化し、〈読み〉の主観性を克服していく上で、教室だからこその、きわめて重要な活動である（その具体的なあり方については、別稿にゆずることにする）。

(2) 単元学習の開発

〈読み〉の活動を活性化し、充実させるために有効な学習活動に、単元学習がある。

最近では、文部科学省を中心に「単元を貫く言語活動」の開発が進められているが、それも、国語学習のための単元学習の有効性に着目したものとして期待される。

単元学習は、前述した〈読み〉の視点で言うと「情報の読み」を活性化するための学習活動として実践されてきた。しかし、それ以外にも、例えば、〈読み〉を柱とした次のような単元が考えられる。

①「論理を読む」を徹底する単元学習

ア、情報はどのような論理に支えられて生産・発信されているかをとらえ、発表する。

イ、二つ以上のテキストを比較し、そのテキストを支える論理を明らかにして、感想・批評を述べる。

②「意味を読む」を徹底する単元学習

ア、情報テキストの意味を読み、それに対する感想・批評を述べる。

イ、二つ以上のテキストの意味をとらえ、その違いを明らかにして、発表する。

③「筆者を読む」を徹底する単元学習

ア、筆者を想定し、情報生産の過程を明らかにして、発表する。さらに論評する。

イ、二つ以上のテキストの筆者を読み、それぞれの特徴をとらえて、論評する。

ウ、筆者の特徴を捉え、同じ筆者のテキストを読書材として〈読み〉を広げ、感想を発表する。

おわりに

国語科の学習は、学習内容としての言語活動と、学習活動としての言語活動との、二重の活動の上に成立する。本稿では、「読む」という言語活動自体の充実を主眼とし、そのための学習活動としての言語活動のあり方について検討した。

2　学習主体・学習集団と、「読むこと」と関連づけた「書く」活動

藤原幸男（琉球大学）

1　言語活動の身体性と学習主体の形成

『小学校学習指導要領』（二〇〇八年三月告示）の「国語」における「話すこと・聞くこと」「書くこと」「読むこと」の事項の言語活動例を見ると、多様な言語活動があげられ、魅力的な言語活動が行なわれるようになっていることに気づく。だが、ここで抜け落ちているのは、これらの言語活動を行なうのは生身の身体をもつ子どもであるという視点である。

この視点からは、モノ・コト・ヒトに積極的に働きかける学習者の身体性の在り様が浮上する。教室で授業をみていると、学習者がヒト・モノ・コトに向き合わずに、集中性を欠いて身体的に緩んだ状態で「話す・聞く」「読む」「書く」活動を行なっている姿が目につく。ここには「活動」にもともとあった「積極性」が欠落していると言わざるを得ない。

学習者の身体性に着目するならば、言語を駆使するに足る身体をいかに形成するかが重要になる。「言語活動」を生かすことの以前に、言語を駆使しうる身体の形成が問われなければならないのではないか。

言語「活動」の身体性に着目した試みはすでに存在する。視写や聴写である。視写や聴写は写すだけの単純作業にすぎず、コピーすれば複製物が容易に入手できる現代において時代錯誤に見えるが、この作業をとおして字を書く身体が確実に形成されるのである。

池田久美子は、〈からだ〉は字を書く主体であるとする。池田は勤務先の短期大学学生に四〇〇字詰原稿用紙

一一〇枚ほどの石坂公成「私の履歴書」の視写を毎日一五～三〇分程度原稿用紙一～二枚を視写させた。学生は、はじめは筆圧の弱い、薄くて小さい字を書いていた。筆圧を意識して書き直しをさせると「手が痛い」「疲れた」と言っていたのが、継続的に視写を行う中で三か月後には緊張が解けて大振りで伸びやかな字に変わった。この指導経験から池田は、「視写は、コピーや目で追って読むのとは違う〈からだ〉を育てる」、「視写は、読み書きする〈からだ〉を育てる。それは、読み書き教育の方法の一つである。読み書き教育は、システムとしての〈からだ〉を育てることなしにはあり得ない。」（池田久美子『視写の教育―からだに読み書きさせる』東信堂、二〇一一年、三九頁）と指摘した。

文章を目で追うだけでは、すぐに読み終わる。目で読む速度は書くよりも何倍も速い。だが、目で追うのでは「読む」活動に身体が入っていかず、何が書かれているか頭に入らない。意識を集中して文章に向かう身体ができていないからである。書かれた文章を視写するとなると、一つひとつの文字に注意し書き写す周到さが要求され、細部に注意して書きとる身体（心と技）ができてくる。身体を駆使して対象に向き合う主体は、時間のかかる緩慢な変化の過程の中で形成される。

青木幹勇は、「読むこと」の中に「書く活動」を取り入れ、独創的な実践をした国語教師である。青木は、授業の中で「書く」学習を進めるには書くことの「慣れ」と「筆速」を必要とする、「慣れ」と「筆速」を育てるには視写が最適だとし、視写によって学級の子どもたちの書く力を一人残らず、ある水準線に高めていくという。自然放任の状態では、早く書ける子から非常に遅い子まで大きな落差があり、「書く」学習はつまずく。落差の縮小が重要だという。

青木によれば、授業の時間に教材文の視写を取り入れ、五分間集中して書くことを「順序をふんで指導すれば早くて、二か月、おそくとも三か月でみちがえるようになる」と言っている（青木幹勇『第三の書く』国土社、一九八六年、三八～四七頁）。

視写は「書く」心と技を内に含んだ身体を時間をかけて形成する一番確実な方法だ。視写をとおして「書く」身体ができれば、そこから全身で文章に立ち向かうようになり、主体的な「書く」活動が可能になる。身体的主体の形成にこだわること抜きには、言語活動を駆使する主体は生まれ得ないのである。

2　言語活動の関係性と学習集団の形成

大槻和夫は、阿部昇は文学作品の「構成・構造を読む」過程を重視し、「文章吟味の読み」のスキルを国語科の内容に加えるべきと主張しているが、「『言語技術』はそれだけで単独に働くわけではない。認識・思考や情動といった意識的活動や対人関係意識なども絡み合って働く」とし、言語技術は習得しているのに「話さない」子「読まない」子、「書かない」子がいるのであり、「実際に言語活動ができるためには、『言語技術プラス・アルファが必要なのである』」と述べている（大槻和夫「国語科教科内容の『系統性』確定上の問題点と今後の方向」『国語授業の改革』一〇号、一五八頁）。

授業場面を想定してみよう。学習者は授業で課題を出され、その解決の想いを頭の中で巡らし、その想いを言語活動によって表出する。その想いは、言語活動を遂行する時点でもなお、混沌とした考えであり、漠然としか見えていないことが多い。不充分で誤りかもしれないという不安が学習者にある。にもかかわらず、授業では、学級という多数の他者の中でそれをとにかく形にして、できるだけ流暢に自信をもって表現することを要求されるのである。

この状況を考えると、学級の中で考えを表出するのはとても勇気が要る。ボルノーは、「話す」と「聞く」の相互交渉の過程である「対話」には、一方で「開いた心」を必要とすると言う。心を開いて自己を表出する者は、自己を他者の手中にゆだねる。他者は話者に不利になるようにその考えを曲げて使用することもできる。発表したばかりに話し手が責められることも出てくる。その意味で、自らの考えを率直に述べるのは「冒険」である。にもかかわらず、対話を生み出すには心を開くという「冒険」を自ら引き受けなくてはならない。他方で、聞き手には「耳を傾ける」ことを必要とする。話し手の考えに自己の心を開く覚悟がなくてはならない。自己の考えがまちがっているかもしれない。「他者を同等の権利をもつ相手として承認し」、「他者の方が正しいかもしれないという可能性を覚悟する」ことが必要になる（O・F・ボルノー〈森田孝・大塚恵一訳〉『問いへの教育・増

補版』川島書店、一九七八年、一九二〜一九八頁)。

話し手は「開かれた心」で話す、聞き手はその話に「耳を傾ける」という関係性があり、不充分でも共感的に聞きとられ、理解してもらえると話し手が実感したときに人は「話す」のである。言語活動を行使するには、不充分な考えでも受けとめ、理解し、話し手の身になって補ってくれる学習集団が必要となる。信頼し合える関係が内在する集団では、人と人がつながり、共同性が生まれる。そこから、他者の考えを借りて深めていく問題解決運動が生まれてくる。こうして、授業が学び合い、深め高め合う学習集団になっていく。

ボルノーの対話論をとりあげて「話す」「聞く」活動の関係性を論じたが、他の活動ではどうか。「書く」活動において学習者の意識はヒト・モノ・コトに向かうが、「書く」過程で伝える相手を意識する。「書く」活動においても関係性＝対話性があり、相手を想定して、相手との対話をしながら、この書き方で理解してもらえるかを吟味しながら書いていく。「書く」活動においても、書いた文章を受け容れる学習集団が不可欠なのである。

このことで思い起こされるのは生活綴方である。生活綴方は、子どもが生活をリアルに綴るとともに、「作品を学級集団の中で読み合うことにより、彼らのものの見方・考え方・感じ方を深化させ、共同化させる教育的営み」であり、この営みは「作品のリアリティと真実性によって、………共同化を呼び込むものになる」(船越勝「生活綴方的教育方法」日本教育方法学会編『現代教育方法事典』図書文化、二〇〇四年、五三五頁)。このように「書く」活動においても、「書いた後」の話し合い活動においても「関係性」が求められ、その過程をとおして「共同化」＝「学習集団」が形成されるのである。

3 「書く」活動を生かした「読み」の授業

青木幹勇は「読むことを支える書く活動」の重要性に注目し、それを「第三の書く」と位置づけた。「読むことの指導(学習)における書くことの軽視」の事実は、「指導上の大きな欠陥」だとして、「読むことを支える書く活動」の意義を確認し、多角的な書く活動を「読む」学習に導入した。このことによって「発想が豊かになり、創造的な授業の開発の可能性が得られ」るという(青木幹勇、前掲書、一〜五頁)。

青木は「視写、聴写、メモ、筆答」にはじまって、「書き抜き」「書き込み」「書き足し」「書き広げ」「書き替え」「書きまとめ」「寸評」などの多角的な「書く活動」を「読むことを支える書く活動」として取り入れた。青木は、「読む学習における『第三の書く』はもっと多彩に、もっと切実に、それ（―読む）をサポートし、その学習を充実させます」と言っている（同書、一一一～一一六頁）。

散文表現には主人公の気持ちや情景など省略がなされ、読み手の想像に任される箇所が多く存在する。その箇所を取り上げて、「書き足し」や「書き広げ」を行うのである。青木は、「ごんぎつね」における兵十の独り言の場面を取り上げてごんの独り言を書き足す実践を紹介している（同書、九九～一〇〇頁）。

書き替えにおける変身作文では、読み手が登場人物の一人になって、たとえば「ごんぎつね」の「ごん」になって、ストーリーは変えずに、書き手の理解や想像によって書いていく。読み手から書き手への切り換えをせまられ、作品をよく読まなければならなくなる。「書き替え」とは、「子どもたちの恣意によって、ストーリーを変える」のではなく、「教材文に書かれている言葉や、叙述に気を配りながら、そこに自分の理解やイメージをにじませていく」ことなのである（同書、一二五～一三三頁）。

田近洵一編『子どもが生きる学習活動の開発』（明治図書、一九九五年）は、「Ⅱ〈読み〉を創造する学習活動の開発」の中で、「『書く』活動を生かした〈読み〉の授業」の意義・活動系列・実践事例を紹介している。

梅澤実は、文学の読みの中で子どもは「人物の活動や事件の意味を追求していく」が、「その追求こそ、一人ひとりが『物語世界に生きる』ことであり、『書く活動』は、その追求行為を支え、充実させていくための一つの方法である」と言う（梅澤実「『書く』活動を生かした〈読み〉の授業」、同書、七四頁）。

梅澤は「読み」の授業における「書く」活動の系列を、①視写系列、②注釈・分析・解釈系列、③想像系列、④総合系列、⑤感想・批評系列、⑥発展系列に分け、具体的な「書く」活動をあげている（梅澤実、同書、七五～七六頁）。

想像系列における「書く」活動の実践事例として、梅澤は「赤いろうそく」教材を取り上げ、物語世界に入り込む仕掛けとして、「登場人物になって日記を書く」という「書く活動」を紹介している。

同書は、「読み」の授業において、多様な「書く活動」をとおして視点を設定して想像豊かに読む、違った視点から作品を読む、作品の構成にそって読むことが可能になることを、実践事例をとおして見事に示している。

梅澤は、これらの系列のどの学習活動を選択するかは、その単元のねらい、子どもの実態とその教材のもつ本質によって決定されるべきであると述べている。ここで教材の本質、すなわち教材の構造を重視していることは重要である。

4 「読む」ことから発展した「書く」活動

梅澤は、「読み」の授業における「書く」活動の系列として、「発展系列」における書く活動をあげている。この活動は、「文学作品を別の種類の文章に書き換えることを通して、その作品をもう一度読み手としての自分の世界に再構成する」ことである（梅澤実、同書、七六頁）。

青木幹勇は、あるジャンルの作品を別のジャンルの作品に書き換えるという「書き替え」を行なっている（青木幹勇『子どもが甦る詩と作文』国土社、一九九六年、一二三頁）。

青木は、「物語」の例=手引を示しながら、漫画を物語に書く実践を紹介している。漫画で省略されている箇所を補いながら、漫画を下敷きにして「物語」をつくるのである。そこから、漫画の構造・構成を生かしながら、子どもの経験を織り込んで想像力豊かで個性的な物語が生まれてくる（同書、一一八〜一一九頁）。

さらに青木は、「短歌を読んで物語を書く」をあげている。石川啄木の短歌をとりあげ、短歌の理解に読み手の想像を加えて散文に書き替えてみるという学習である。少し長めの虚構の作文を書く仕事であり、おもしろい作品に仕上がっている（同書、一三〇〜一三八頁）。

ジャンル間の「書き替え」は、国語科教育においてその後、さまざまに実践されてきている。そこでの成果は、「読み」から発展した「書く」活動の可能性を示している。

高木まさきは、「書き換える」中で、関係づけたり、広げたり、別の角度から見たりすることが要求され、認識が変容すると言う。「書き換え」は、「認識の変容という点に焦点化した学習がしやすい」点に意義があると言う（高木まさき「学びをつくる『書き換え』学習」『教育研究』二〇〇六年八月号、二四頁。関連して、府川源一郎・高木まさき・長編の会編『認識力を育てる「書き換え」学習　小学校編』『同　中学校・高校編』東洋館出版社、二〇〇四年を参照されたい）。

このように述べた後で高木は、興味深い実践として、小学校六年の随想教材「森へ」（星野道夫）を「社説」「書評」「物語文」に「書き換え」る学習活動を行なった黒田恵津子（下田市立下田小）の実践（二〇〇四年度）を紹介している（高木まさき、同上、二四～二五頁）。

黒田は、「順を追って丁寧に読んでいく」ことが好きな子には〈新聞記者コース〉、「話の全体を捉えた上で関連づけながら読んでいく」ことが好きな子には〈評論家コース〉〈作家コース〉を設けて、〈新聞記者コース〉では内容をまとめ感想を付して社説風にまとめ直す、〈評論家コース〉では筆者のメッセージや表現の特色を捉え、感想を評論文（書評）に書き換える、〈作家コース〉では写真をもとに比喩や擬人法を用いて物語文に書き換える作業を要求する。そのさい「社説」「書評」「物語文」のモデルを提示し、その表現の特徴や文章構成の仕方などを学ばせ、その上で「書き換え」を行わせている。

その結果、小学生とは思えない、すぐれた内容と表現の文章が生まれたが、黒田はそれで終わらせていない。「書き換え」る前の文章との差異に気づかせたり、学習者同士で「書評」を交流させたり、親から「書評」への感想を寄せてもらうなどして「書き換え」の効果や意義への自覚を促している。

高木は、「ただ『森へ』の感想を書かせたり、何の指導もなく『書評』にチャレンジさせたり、『書評』を書かせたまま放っておいたりしたら、子どもたちの書く力、読む力、学習意欲はそれほど高まらなかっただろう」と述べ、黒田実践は「書き換え」学習の意義と指導のポイントを適切に押さえた実践だったとしている。

伊東陽子（広島市立比治山小）は、平成二三年度検定済の東京書籍国語教科書（小学校四年）の教材「『夢のロボット』を作る」を取り上げた。この実践は二〇一〇年一一～一二月に行なわれた。この教材は「インタビュー記事」と「説明文」という二つの異なるジャンルからなり、両者を関連づけた「読み」が求められる。「わたしの『ゆめのロボット』」についてのインタビュー記事から、「組立ての工夫」を読み取り、「筆者がどのようなことをどのように説明するか」を予想する。その上で、説明文を写真やインタビュー記事と関連させながら読み取っていく。最後に「宿題」として、説明文『ゆめのロボット』をつくる」をインタビュー記事に書き直す課題が出された（中野和光編『ジャンル・アプローチを基礎とした授業方法の実証的研究』〈科学研究費研究成果報告書〉、二〇一一年三月、六一～六五頁）。

伊東実践は、文章の特性のちがいに注目して説明文からインタビュー記事に書き替えることを試みたものである。宿題の仮想インタビューは、ほとんどの子どもが、教科書の内容に即しつつも、子ども自身の生活経験をとりこんで独創的に作成していたと言う。

青木幹勇、梅澤実、黒田恵津子、伊東陽子の実践を見ると、「読む」ことから発展した「書く活動」の実践遺産は豊かに存在することに気づかされる。

課題は、一つには、「読むこと」における「書く」活動の実践遺産に学びながら、教材発掘・開発を推進することである。新教科書は「読む」ことと関連した「書く」活動の教材をいくつか掲載しているが、教師自ら教材発掘・開発し実践で検証していくことが重要である。

二つ目の課題は、「読む」ことを支える「書く」活動、「読む」ことから発展した「書く」活動の系統化、カリキュラム化を図ることである。

『小学校学習指導要領』の「国語」の「言語活動例」は、「書く」と「読む」が切り離され、「読む」ことにおける「書く」活動の認識が弱く、取り上げ方が部分的で、系統化が不充分であると言わざるを得ない。

山本麻子は、イギリスの学校に通った息子のノートから、イギリスの「書く」教育を事例豊かに紹介し、「書く」教育の時期区分をしている。イギリスの「書く」活動は実に豊富で系統的に構成されている。「書き換えをする」は、作文実技として、一〇～一一歳の頃に位置づけられている（山本麻子『書く力が身につくイギリスの教育』岩波書店、二〇一〇年）。

日本の実践をもとに、たとえば「書き換え」はどの年齢段階に位置づけられるのか、その前の段階、その後の段階にはどんな「書く」活動が求められるのかを、明らかにしていくことが必要である。

3　書き手の自立を促す指導

佐渡島紗織（早稲田大学）

はじめに

「書くこと」の指導で多くの教師が難しさを感じる段階は、初稿を書かせたあとの段階であろう。「書くこと」の指導では、話材と相手と目的を設定し、留意点を特定して書かせる。こうして、児童・生徒（以下、子ども）の書いた文章が手元に集まる。ここまでは、教科書や副教材に示されたガイドラインに沿って行うことができる。しかし、この先が問題である。文章はいかようにも直させることができるが、何を指摘することがよいのか、どのような言い方で指示をすれば書き手が成長するのか、迷うことが多い。

本節では、「書くこと」の指導における『初稿以降の段階』について考える。『初稿以降の段階』での、有効な、《指導技能》と《自習技能》を検討する。すなわち、「書き直し」の段階における、教師による有効な評価方法と、書き手自身による有効な評価方法を追究する。1で基本となる教師の姿勢を、2で《指導技能》を、3で《自習技能》を検討する。

1　書き手の自立を促す姿勢

具体的な方法を検討する前に、指導者の心構えを確認しよう。「書き直し」段階において、教師がとるべき基本の姿勢とはどのようなものであろうか。基本となる姿勢は、二つある。「書き直し過程を大切にする姿勢」と「書き手の意図を尊重する姿勢」である。

(1) 書き直し過程を大切にする姿勢

書き直し過程を大切にする姿勢は、すでに多くの教師に定着していると推測されるが、実際には、書き直しの段階でどれくらいの時間がかけられているだろうか。日本では、古くから、『取材・構想・下書き・推敲・書き直し・鑑賞』などの一連の過程が示されてきた。現行教科書の「書くこと」単元においても、これらの行程を一つずつ進めるように指導案が組まれている。しかし、『推敲・書き直し』の行程で、どれほど時間がかけられ、緻密な指導が行なわれているかは分からない。時間に余裕がある場合に限ってこの行程が丁寧に扱われるという状態が現状ではないだろうか。

アメリカにおいては、一九八五年ごろからWriting as a Process Movement（「書くこと」の指導を過程で行なおうという運動）が起こり、書く過程における指導こそが書き手を成長させるという考え方が全国に広まった。初稿を教師がいったん集めるばかりでなく、「初稿について話し合う」場面を授業で設けることが提唱された。「Teacher-student conference」（教師―生徒の面談）や「Student-student conference」（生徒―生徒の面談）である。教室の隅には、平素から四十センチ四方に切られた絨毯が積み上げられており、「Student-student conference」の時間になると、子どもたちが二人組になり、銘々にこの絨毯を持って教室や廊下の一角に陣取るのである。そこで絨毯に座わり、一方の児童が自分の文章を読み上げ、他方が質問をしたり助言を与えたりして、互いの文章推敲過程にかかわるのである。小学校一年生からこの「Student-student conference」が実践されていることに筆者は驚いたが、この運動ではどんな小さな子どもでも書き手に有効な反応を返すことはできると提唱された（木村、二〇〇八参照）。

「書くこと」指導の研究においても、「ごみ箱をあさる研究」がよいとされた。最終稿を尊重することはもちろんだが、書き手が丸めて捨てた原稿にこそ価値があると考えるのである。書いている途中の原稿に書き手の思考過程が表れるからである。ごみ箱に捨てられた「途中原稿」を書き直された原稿と丹念に比較して、人がどのようにして文章を作成するかを調べる研究が多くなされた。ワープロを使って書く人が圧倒的に多くなった昨今は、書き直しの過程を、ワープロに組み込まれた機能を使って詳細に追うことができるようになった。「ごみ箱」ではなく、電子的に途中経過を調べることが可能である。

私事になるが、学位論文を執筆していた際、米国人である指導教官が私に与えた助言が記憶に残っている。「十六人の人に読んでもらって、十六回書き直すといいよ。」という助言である。なぜ十六という数字なのかは追求しなかったが、それくらい重ねて書き直すことによって文章をよくすることができると教導してくれたのであった。実際、周りの人に文章を読んでもらうと、問題視される内容や、指摘される箇所は、人によってまちまちであった。その度に、内容や書き方について、再考を重ねることになった。

書き直しの過程は、このように豊かで奥が深く、ゆえに指導をする価値の高い段階なのである。

(2) 書き手の意図を尊重する姿勢

初稿を書かせた後での大切な姿勢として二つ目に挙げられるのは、書き手の意図を尊重する姿勢である。

多くの同僚から聞く声は、「徹夜をしてまで赤を入れて返すのだが、なかなか書き手に文章作成力がつかない。」というものである。教師が、いわゆる添削をすることは、なぜ書き手の文章作成力向上につながりにくいのであろうか。

教師が添削をする際、文章のどこが不十分かを特定しているのは教師である。また、文章をどのように直すとよくなるかを考えているのも教師である。つまり、文章の診断や改善に取り組んでいるのは、赤を入れている教師なのであり、書き手は、すべての改善案が出揃ってから作業結果を見ることになる。文章作成力が伸びるのは、赤を入れている教師なのである。要するに、添削は、文章の不十分さを特定し修正法を考える機会を書き手から奪っているのである。ただし、書き手は、添削結果を見ることで、「なるほど、この文章はこのように直すことができるのか。」と学ぶことはできる。しかし、書き直し途中の試行錯誤は経験することがなく、この試行錯誤にこそ言葉の使い方を熟考する過程があることは言うまでもない。

すると、書き手の文章作成力を伸ばすには、書き手に文章の不十分な点を指摘させ、また書き手に文章の修正法を考えさせることが必要であると分かる。すなわち、誰かにやってもらうのではなく、書き手自らが文章の不十分な点を特定し修正法を考え出すことが必要になる。書き手主体の書き直し過程をとるということである。

では、どのようにすれば書き手主体の書き直しが行われるのか。すべての決定権を書き手に委ねるのである。文章を書き手自らが診断して問題点を特定する。また、書き手自らの権限において修正を行う。他者が手を入れたり、特定の直し方を指示したりしない。書き手の裁量を最大限、尊重するのである。それにより、書き手は試行錯誤を繰り返しながら、自身の判断において書き直しを行い、文章をよくしていくための技能を徐々に身に付けていくのである。

アメリカで発足し、日本でも広まりつつある「ライティング・センター」では、書き手主体の書き直し過程を支援する（佐渡島他、二〇一三参照）。訓練を受けた大学院生や教員（以下、チューター）が、一対一で書き手と向き合い、対話をしながら文章を検討する。そのとき、書き手自身が文章の問題点や修正法に気づくように対話をする。つまり、チューターは、「主張がはっきりしませんね。三文目の後にあなたの主張を書きましょう。」とは言わない。質問を投げかけたり、書き手に書き込み作業をさせたりして、書き手に気づかせるようにする。

次は、書き手に問題点や修正法を気づかせている対話の例である。

〔書き手〕「この文章を書いたんですけど、なんか構成がこれでいいのか分からなくて。」
〔チューター〕「なるほど。読んでみて下さい。」
〔書き手〕「僕たちの学校がもっとよくなるために生徒ができることは三つある。一つ目は～。二つ目は～。三つ目は～、…あ、この三つ目のことは、二つ目と同じことですね。できることは三つじゃなく、二つでした。」
〔チューター〕「そうかもしれませんね。どういうふうに直しましょうかね。」
〔書き手〕「生徒たちができることは二つある、というふうにします。そうすると、段落も、これとこれがくっついて一つになりますね。」

チューターは、側にいてよい聞き手となり、書き手の気づきを促す役に徹する。それによって、書き手が自らの考えで書き直しを行うことになる。

このように、指導者が添削を行わず書き手に修正の決定権を委ねることによって、書き手はより自立する。この姿勢は、遠回りのように感じられるかもしれないが、結局のところ、書き手の確実な成長を助けるのである。

2　書き手の自立を促す《指導技能》

では、書き直し過程を大切にする姿勢と書き手の自立を促す姿勢をとった、実際の指導はどのようなものであろうか。本項では、三つの具体的な方法を紹介する。

(1)　助言を選択させる

まず、子どもたちに、すべての助言を取り入れなくてもよいと伝える。教師が書き込みあるいは口頭で助言を与えたとする。あるいは、子ども同士で助言を与え合う活動をさせたとする。いずれの場合においても、「すべての助言を取り入れなくてよい。自分が納得した助言だけを取り入れて文章を書き直すように。」と指示するのである。

助言を選択させることにより、書き手は、自分の言いたいことは何だったのか、どのような文章を目指したいのかと自問自答し、自身の意図を再確認するであろう。

(2)　修正案を複数、提案する

教師あるいは子ども同士で助言を与える際に、修正案を複数提示することは有効である。書き手である子どもは、どの修正案が自分の意図に合うかを考えるからである。そして、選ぶという行為に付随する、文章に対する責任感を自覚するであろう。

次は、教師が語句の選択肢を二つ与えた例である。

目玉焼きの作り方

まず、フライパンを温めて、油を少しのせ《そそぎます?》　ます《たらします?》。油があつくなったら、そこに卵をわって入れます。卵の白みが白くなってきたら、水を大さじ一ぱいほど入れて、ふたをします。卵のきみの表面も白くなってきたらできあがりです。卵をフライ返しで注　意　深《きみをこわさないように?ゆっくり?》くとってお皿に乗せましょう。

「注意深く」を教師はもう少し具体的に書き表すよう提案している。意識を強調するならば「きみをこわさないように」、動作を強調するならば「ゆっくり」であろうかと。子どもは、自分の意図を再考するであろう。

(3) パターンで指導する

パターンで指導するという方法も、書き手の自立を促すうえで有効である。

例えば、小学校一、二年生では、主語を省いて文を作る子どもが多い。主語を意識させる指導を次のようにする。

> ◆まず、一つの箇所で、不十分であることを指摘し、その理由なども書き込む。「この文は、だれがいったことですか？ねこですか？男の子ですか？だれがいったことかをよむ人がわかるようにかきましょう。」
> ◆次に、同じ問題のある、他の箇所に印だけをつけておき、同様に考えて書き直すことを促す。「なみせんがつけられた文は、おなじようにわかりにくいですね。だれのことかを考えてかきたしましょう。」

このように印だけが付けられた文章を返された子どもは、教師に示された一箇所の書き直し方を参照しながら、他の箇所の書き直し方を自ら考える。徐々に自立できるようになるであろう。

パターンで指導するために、日頃から、書きこむ印をクラスの約束事として決めておくとよい。意味がよく伝わらない箇所には波線、他の語句に置き換えるとはっきりする語句は四角囲み、などの約束事である。色ペン、アルファベット、丸付き記号など、いろいろな印で約束をしておくと便利である。色々な印のゴム印を、インターネットから注文し揃えている教師に出会ったことがある。

3 書き手の自立を促す《自習技能》

最後に、書き手自らが取り組む実践を二つ見よう。

(1) 自己修正作業を入れる

文章を見直すための作業をさせることは有効である。もちろん、文章を書かせる際に指示した留意点とこの作業内容を揃える必要があることは言うまでもない。すなわち、「書かせる際の指導ポイント」と「書いたあとの見直しポイント」を揃えて作業をさせるのである。

いくつかの自己点検作業を紹介しよう。

> ◆接続表現を自己点検させる作業
> 使った接続表現を四角で囲みましょう。接続表現を、ふんだんに、かつ適切に使えましたか。

◆問いと答えの呼応を自己点検させる作業

①《はじめに》で、文章の問いに当たる部分に線を引きましょう。

②《おわりに》で、問いに対する答えに当たる部分に線を引きましょう。

③線を引いたところを続けて読みましょう。問いと答えが合っていますか。合っていなかったらどちらかを直して合うようにしましょう。

◆数え上げて伝える際に自己点検させる作業

数え上げの予告をしている文に下線を引きましょう。何をいくつ示すのか、はっきりと予告できましたか。

◆参考文献を挙げる際の留意点を自己点検させる作業

できていたら□を黒く塗りましょう。

□他の本から書き写した部分は、引用の「 」で囲んだ。

□引用した本の著者、題名、出版社、出版年を文章の終わりに書いた。

◆論旨の一貫性を自己点検させる作業

①各段落で最も大切な内容を表している文に下線を引きましょう。

②下線を引いた文を続けて読みましょう。全体の要旨になっていますか。ずれていたら直しましょう。

こうした作業は、文章を書き直す上で留意すべき観点を覚えることにつながる。繰り返し自己点検をしていると、子どもは、教師に指示されなくても、独りで書き直しができるようになるであろう。さらには、初稿から、点検の観点を意識しながら書くようになるであろう。要するに、自立した書き手へと成長する。

(2) 自らの成長を見る

書き手の主体的な取り組みを促す実践として、ポートフォリオが挙げられる。ポートフォリオとは、元々は「紙ばさみ」を意味する英単語である。紙ばさみに、書き手が自分で選んだ文章を蓄積していき、自らの成長を目に見える形で残すのである。

ポートフォリオを作らせる第一の意義は、《主体性》にある。すなわち、教師ではなく、書き手自身がポートフォリオを作る点である。この文章はよく書けたと思うから入れよう、この文章は書く時に苦労したから入れよう、と書き手の選別判断基準は様々であろう。この書き手の判断を尊重する。ポートフォリオは、いわば、評価基準までをも子どもに任せる自己評価法の一つである。

ポートフォリオを作らせる第二の意義は、一つひとつの文章に対する評価を超え、一連の文章から読みとれる一個人の成長を《総合的に捉える》という点である。ポートフォリオの中身を見ていると、成長の様子が分かる。認識の変化、感受性の広がり、意見の深まり、書く技能の進歩など、多くの点が絡み合いながら子どもの成長を形づくっている様子が、一連の文章から読み取れる。

ポートフォリオを所持している子どもは、次にはさむ作品を、自らが楽しみにしながら制作する。自ら設定した評価基準をも塗り替えながら作品を選ぶであろう。

教室の後の棚にずらりと子どもたちのポートフォリオを並べて、子どもたち同士に公開している学級もある。また、学年が変わる際に、それぞれの子どもが自分のポートフォリオを持って新しい学年に行くこともできる。

子どもの《主体性》を尊重し、子どもを《総合的に捉える》ポートフォリオは、自立した書き手を育てる上で助けになる実践であろう。

おわりに

「書くこと」の、「書き直し」の段階における、教師による有効な評価方法と、書き手自身による有効な評価方法を追究した。教師の添削に頼らせるのではなく、助言を選択させ、書き直し方を判断させ、文章の自己点検ができる書き手を育てることが大切である。「書き直し」段階での工夫によって、より自立した書き手を育てることを目指したい。

参考文献

木村正幹『作文カンファレンスによる表現指導』渓水社、二〇〇八年

佐渡島紗織・太田裕子編『文章チュータリングの理念と実践―早稲田大学ライティング・センターでの取り組み』ひつじ書房、二〇一三年

4　言語活動のタイプを意識した授業づくり

青山由紀（筑波大学附属小学校）

1　「言語活動」のタイプ

「読みの授業」は、次の手順で構想することが多い。

①どんな力をつけたいか（言語経験をさせたいか）
②何を使って（学習材の特性）
③どのように（手立て）
・単元構想、提示方法、発問の工夫　など
④どう読み取ったか（言語活動・表現活動）
・新聞、パンフレット、本作り
・クイズ、発表会を行う　など
⑤どこで活用させるか

授業作りはまず、「ここでつけたい言葉の力は何か」ということからスタートする。次に「何を学習材とするか」を吟味する。教えることのできる「読み方」は、「学習材の特性」によって定まるため、この作業が重要となる。さらに「どのように教えるか」という手立てを考えていく。これには、単元構想から設定する言語活動、学習材の提示方法、発問の工夫と様々なレベルが含まれる。最後に、「どう読み取ったか」という個の解釈を表出させる方法を考え、「ここでつけた力をどこで活用させるか」についても想定しておく。

このような流れの中で、どこに「言語活動」が位置付くかを考えると、②の「何を使って」以外、全ての段階に仕組まれる可能性がある。④⑤はもちろんのこと、「伝記を読むこと」や「新聞を読むこと」などは活動そのものがねらいであり、①に属する。③の例としては、説明文の学習で「筆者への手紙を書く」活動が挙げられる。ここでの「手紙を書く」活動は、説明文を正しく読み取り自分の考えを表現させるための「手立て」となる活動である。「書くこと」の学習で、書式や形式の整った手紙を書くことが「ねらい」の言語活動とは異なる。

つまり、一口に「言語活動」と言っても、

・「ねらい」そのものであるもの
・ねらいを達成するための「手立て」でしかないもの
・「手立て」であり、「評価対象」でもあるもの

など、様々なタイプに類別される。

では、「読みの力」をつけるのに、どんな言語活動をどのように仕組んだらよいのか、実践例を挙げて考える。

2　実践例1　単元「レオ=レオニの世界」　2年生
中心学習材『スイミー』（光村二上）

(1)　単元の趣旨と言語活動

低学年の文学の指導は、次の五つの要素について読み取らせることに重点をおく。

・だれが（登場人物）
・いつ（時の設定）
・どこで（場の設定）
・どんな出来事がおこり（出来事・事件）
・どうなったか（結末）

これらを指導者主導で読み取らせている1年生に対し、2年生では子ども自身に「読みの要素（観点）」として意識して読ませる。

本単元では、「紙芝居作り」と「比べ読み」という二つの言語活動を設定した。第一次で「紙芝居を作ろう」という活動目的を与えて「読みの観点」に気づかせ、第二次では『スイミー』と他のレオ=レオニ作品とを「比べ読み」させることで読書生活につなげる。

(2)　学習の実際

①言語活動〈紙芝居作り〉
　～第1次　『スイミー』の紙芝居を作ろう～

◆ねらい

◎物語の「読みの観点」（登場人物・時・場・事件・結末）を意識して読み、話の筋を理解する。
◎自分の読みを声で表現する。

まずはじめに、『スイミー』の文章だけを記したプリントを使って読み聞かせをし、「紙芝居を作ろう」と呼

びかけた。すぐに子どもたちは、必要な紙の枚数を考え始めた。紙の数は、場面の数である。紙芝居を作るには、場面分けをしなくてはならない。場面分けの条件はそのまま、「読みの観点」をとらえることと一致する。

登場人物…いつ、だれが登場するのか。同じ紙に登場する人物はだれか。

時……同じ紙に昼と夜など違う時間帯や、違う日が混在することはない。

場……同じ紙に違う場所は表現できない。

人物の変容…同じ紙に同一人物の泣いた顔と笑った顔が混在することはない。

子どもたちは、「ある日」「そのとき」など時を表す言葉を手がかりにしたり、「ここで突然『まぐろ』が出てきたよ」と登場人物に着目したり、「ここからは海の底になるよ」と場所の違いに気づいたりしながら場面分けをしていった。

加えて、挿絵を描くために情景や人物の様子を読み取ろうと何度も読み返す。紙芝居が仕上がると、今度は発表に向けて自分の読みが聞き手に伝わるように音読の仕方を考えたり、練習を繰り返す。このように、「紙芝居作り」という言語活動が、読みの力をつけ、自分の読みを声で表現するというねらいに適していたのである。

②言語活動〈比べ読み〉
～第2次　レオ＝レオニ作品を読もう～

◆ねらい

◎『スイミー』との共通点、相違点を見つける。

◎作品群の共通点から作者の思いに迫り、自分の言葉で表現する。

◆『あいうえおの木』との「比べ読み」

レオ＝レオニ作品には、「アイデンティティー」や「自己尊重」「自己発見」といったメッセージ性の強い作品が多い。『スイミー』だけを読んで「みんなで力を合わせることのすばらしさ」などの主題に迫らせる授業もよい。しかし2年生には、複数の作品を「比べ読み」する中で作者の思いに行き着く方が自然である。そこで『あいうえおの木』を共通学習材として「比べ読み」の方法を理解させた後、それを使ってレオ＝レオニ作品を多読させる活動を設定した。

『スイミー』と「比べ読み」する最初の作品として、『あいうえおの木』を選んだ。これは、「あいうえおの木」

に暮らす「文字たち」の話である。「文字たち」が仲間を強い風に吹き飛ばされてしまったことから、風に負けないように手をつなぎ合って言葉や文を作ることを知り、最後は本当に大事な事柄を文に綴る喜びを得るという筋である。以下の理由から、この作品を選んだ。

・登場人物が「生き物」ではないこと。登場人物のおかれた状況や役割、変容に着目しやすい。

・話の展開や出来事の共通性に気づきやすい筋であること。

・登場人物の変容にも共通点があること。両方とも、人物の「変容」が主題に大きくかかわる。

『あいうえおの木』の絵本を読み聞かせた後、テキスト文を配布して「共通点」を見つけさせた。そして、子どもたちの気づきを次のようにまとめていった。

（「ス」は『スイミー』、「あ」は『あいうえおの木』）

登場人物

○小さな者がたくさん登場する

ス…赤い魚たち　あ…文字たち

○知恵のある人物が登場する

ス…スイミー　あ…ことばむし・けむし

○中心人物が大事な場面でうんと考える

はじめ

○みんなで平和にくらしていた

事件（出来事）

○悲しい事件があった

ス…きょうだいたちが大きな魚に食べられた

あ…仲間の文字たちが風に吹き飛ばされた

結末

○ハッピーエンド

ス…マグロを追い出す

あ…意味のある文を作り上げる

変わったこと

○力を合わせて一つのことをして幸せになる

ス…大きな魚になる（マグロを追い出すため）

あ…言葉や文をつくる（吹き飛ばされないため

→意味のある大事なことを言うため）

発言を項目立てをしながら板書したところ、「どちらもはじめは平和だったのに、悲しい事件がおきる。けれども『かしこい者』が知恵を出し、みんなで力を合わせて解決する。そして最後は幸せな終わりとなる」と、物語構造にも気づいた。

さらに「同じだけれど違うところがある」と、次のようなやりとりが続いた。

・「かしこい人」が出てくるのは同じだけれど、『スイミー』で賢かったのは中心人物。『あいうえおの木』では、中心人物ではない「ことば虫」や「毛虫」だ。

・スイミーだけが他の魚と違っていたけれど、文字たちはそれぞれがみんな違っていた。

・スイミーだけが黒かったから目になった。けれど、文字たちはみんな違っていたから、言葉や文を作ることが出来た。それぞれが役割をもっていた。

・でも、赤い魚たちも『みんな、もちばをまもること』と、役割をもっていたよ。

・だから、みんな自分の役割をもっていて、それをきちんと果たしたということでは、どちらの話も同じ。

このように、「共通点」に着目させることで、子どもたちは、登場人物は役割を担っていることを理解した。

◆『フレデリック』との「比べ読み」

次に『フレデリック』を取り上げた。これは、冬支度の間、他のねずみとは違った行動をとっていたねずみのフレデリックが、冬に仲間を助ける話である。子どもたちは三つの作品の「比べ読み」を通して、以下のことに気づいた。

・中心人物が似ているのは、見た目の様子が一人だけ他と違うことだけではない。性格や役割が共通している。勇気があったり、賢かったり、困ったときに他の人を助ける。

・三つの作品はどれも「一人ひとり大事な役割をもっている」『みんなで力を合わせれば、大変なことも乗り越えることができる』『みんなと違っているから大事な役割を果たすことができる』ということが書かれている。

さらに、「レオ＝レオニさんが言いたいのは、「一人ひとりは小さいけれど、力を合わせるとすごいことができる」っていうことかなあ。」「「一人ひとり違うことがいい」ってことなんじゃない。」という発言も見られた。

これらの発言から、「比べ読み」という言語活動が、主題に迫る手立てとしても有効であることが分かる。

その後のレオ＝レオニ作品の多読では、「登場人物」「出来事」「変容」を観点に「比べ読み」をさせた。ここでの読書は、同一作者の作品をただ読ませる発展読書とは異なる。身につけた「読みの力」を活用させる読書であり、評価すべき言語活動である。そのため読書記録には、「『スイミー』との共通点」を記入させ、指導者が評価できるようにした。

(3) 二つの言語活動の役割

一つ目の「紙芝居作り」は、活動を設定するだけで学習者に活動イメージを明確にもたせることができる言語活動目的型単元である。子どもたちは、「紙芝居を作り上げて、上手に発表したい」という目的に向かって意欲的に取り組む。

一方、指導者にとって「紙芝居を作ること」は、目的ではない。物語の「読み方」を身に付けさせたり、人物の気持ちを読み取らせたりする「手立て」である。「紙芝居作り」は、学習者が「読みの観点」を見つけざるを得ない状況に追い込む言語活動である。したがって、「作る」過程が重要なのであり、作り上げた紙芝居の出来、不出来は問題でない。

二つ目の「比べ読み」は、主題に迫らせるための「手立て」である。さらに多読場面での「比べ読み」は、それまでにつけた読みの力を活用する場であり、かつ評価対象となる活動にもなっている。

3 実践例2 単元「筆者に思いを伝えよう」 6年生 中心学習材『生き物はつながりの中に』（光村六年）

(1) 単元の趣旨と言語活動

高学年の説明文の授業では、「筆者の主張、つまり要旨を読み取ること」と「書かれている事柄に対して自分の考えをもち、根拠を明らかにしながら他者に分かるように表現すること」が求められる。そこで、単元の終末に「筆者に自分の意見を伝える手紙を書く」という言語活動を設定した。

ふつう、面識のない人に対していきなり「○○さん、あなたの考えに対して反対です」とか「納得できません」などとは言わない。小学生が大人を相手に意見するならば、なおさらである。たとえそれが肯定的な意見であったとしても、「あなたは、〜という（事実）から、〜という（意見）を伝えたかったのですね」と、まずは確認するところから始まる。これが、要約文にあたる。つまり、「筆者に手紙を書く」活動を設定することによって、書かれている事柄を正しく読み取り、要約文を書かざるを得ない。さらに、自分の考えを論理的に表現する必然も伴う。

(2) 学習の実際

◆単元構成とねらい

第1次　第1教材『感情』を読む

◎両括型であることを理解し、要旨をとらえる。

◎筆者の主張に対して、自分なりの意見をもつ。

第2次　第2教材『生き物はつながりの中に』を読む

◎事例と結論の関係を理解し、要旨をとらえる。

◎要約文を書く。(第3次の手紙の「はじめ」部分)

◎平成一七年度版と平成二三年度版の文章を比較し、自分の考えを両括型の意見文としてまとめる。

第3次　筆者(中村桂子氏)への手紙を書く

◎意見の内容や根拠を分類・整理し、観点を知る。

◎根拠を明確にしながら、自分の考えが筆者に伝わる手紙を書く。

(3) 言語活動〈筆者へ手紙を書く〉

～第3次　筆者(中村さん)へ考えを伝えよう～

『生き物はつながりの中に』を読み、書かれている内容や筆者の考えについてどのように考えたか、意見を発表させた。このとき、文末表現をいくつか示しておいた。

①分かる　――　分からない

②共感できる　――　共感できない

③納得できる　――　納得できない

④分かりやすい　――　分かりにくい

⑤適切である　――　適切でない

⑥つながる　――　つながらない

例示したのは、考えを持ちやすくするためと、意見をもつ対象を整理して学習者に意識させるためである。例えば、①は「内容や主張」と「述べ方」の両者に対して使う文末である。しかし、②と③は「内容や主張」に、④⑤⑥は事例の挙げ方や論の展開といった「述べ方」に対して使われることが多い。

考えをもつ〔対象〕は、「内容」(事実部分、主張)と「述べ方」(論の展開、事実と主張の関係、事例の挙げ方など)の二つに大別される。さらにその〔根拠〕は、

「叙述」「自分の経験や知識、既習事項」「筆者の立場と主張や話題との関係」という三つに分けられる。このように類別することで、子どもが自身の意見は何を〔対象〕とし、何に〔根拠〕を求めているか意識できるようにした。

意見を表明するには、考えとその根拠を明確にしなければならない。相手を批判する場合は、提案も必要である。本単元では提案や代案にも触れた。それは、些末なところで揚げ足をとったり、いたずらに否定ばかりするような態度を身につけないためである。私たちは、筆者を尊重する読者を育てなければならない。したがって、まずは、筆者の述べていることを正しく理解し受け止める。評価すべきところは認める。その上で、批判や反対意見、代案などを述べるよう指導した。代案や提案がなければ、論調は自然と控え目になる。

手紙は三部構成を基本パターンとした。

はじめ…自分は筆者の主張をどのように読み取ったのか、事実との関係が明らかな要約文を書く。

中………自分の意見を根拠を明らかにして、筆者に伝わるように書く。

おわり…新たな考えや提案、代案があれば表明し、まとめを書く。

「はじめ」の要約文と「中」の意見部分は、授業の成果が表れるべき評価対象となるものである。先に述べた2年生の「紙芝居作り」のような、作品のできばえは関係のない言語活動とは異なる。

4　言語活動を生かすには

言語活動には、「ねらい」そのものであるもの、「手立て」でしかなくその過程が重要であるもの、評価対象となるものなど様々なタイプがある。指導者は「ねらい」に照らし、どのようなタイプの言語活動かを意識して、単元を構想することが肝要である。

言語活動を設定すると、何をすべきか明確なため、学習者は主体的に授業に臨む。反面、活動することだけに専心してしまうおそれがある。「活動しただけ」に終わらせないためには、「読みの力」を身に付けさせる手立てや発問などを丁寧に検討、吟味する必要がある。それには、何をどのように評価するか、評価について事前にしっかりとした構想を立てておく。これが、言語活動を生かした授業をつくることにつながる。

5　「言語の教育」としての古典の授業
――「おくのほそ道・平泉」を例として

加藤郁夫（大阪・初芝立命館高校）

1　いま、どのような力が求められているのか

『言語活動の充実に関する指導事例集』のはじめにおいて「新しい学習指導要領の基本的な考え方」として学校教育法第三十条を示し、次のように述べている。

「学校教育法」第30条　第2項
前項の場合においては、生涯にわたり学習する基盤が培われるよう、基礎的な知識及び技能を習得させるとともに、これらを活用して課題を解決するために必要な思考力、判断力、表現力その他の能力をはぐくみ、主体的に学習に取り組む態度を養うことに、特に意を用いなければならない。

ここには、学力の重要な3つの要素が示されている。

(1)基礎的・基本的な知識・技能
(2)知識・技能を活用して課題を解決するために必要な思考力・判断力・表現力等
(3)主体的に学習に取り組む態度

今私たちに求められているのが、どのような力であるかが、ここに端的に述べられている。基礎基本の力をしっかりと身につけ、それを活用・応用出来る力を子どもたちの中に育むことである。そして、それらの力を身につけるために、またそれを活用・応用ができるようになっていくためにも、自らが主体的に学習（行動）できる、そのような力を子どもたちに付けていくことが、いま私たちには求められている。

中央教育審議会の平成20年1月「幼稚園、小学校、中学校、高等学校及び特別支援学校の学習指導要領等の改

善について」において国語科の改善の基本方針を次のように示している。

> ○　国語科については、その課題を踏まえ、小学校、中学校及び高等学校を通じて、言語の教育としての立場を一層重視し、国語に対する関心を高め、国語を尊重する態度を育てるとともに、実生活で生きてはたらき、各教科等の学習の基本ともなる国語の能力を身に付けること、我が国の言語文化を享受し継承・発展させる態度を育てることに重点を置いて内容の改善を図る。（傍線・加藤）

わかりきったことをあえて引用したのは、いま言語活動が強調されている背景を再確認するためである。現実に、言語の力を鍛えるという観点が抜け落ち、「活動」に終始する「言語活動」の実践を目にすることが多い。「活動」に目が向けられ、結果的にそこでどのような力をつけようとしているのか、どのような力が子どもたちについているのかが、なおざりにされる危うさを、いま言語活動は持っている。

私たちは、何よりも国語教育が「言語の教育」であることを自覚し、子どもたちの「思考力・判断力・表現力」を鍛えることをねらいとして、取り組んでいかなければならない。それは古典教育においても例外ではない。

「伝統的な言語文化」（古典）については指導要領の解説は次のように述べている。

> 古典の指導については、我が国の言語文化を享受し継承・発展させるため、生涯にわたって古典に親しむ態度を育成する指導を重視する。

これだけを見ていくならば、古典は「親しむ態度を育成」することに重点が置かれるようにみえるかもしれない。しかし、古典も「言語の教育」の観点を抜かしてはならないのは当然のことである。(1)

古典も日本語である。そして、古典を学ぶのは日本語を母語とする子どもたちである。つまり、古典教育は、そのはじめから日本語の教育という側面を持っているのである。古典を学ぶことを通して、日本語のもつ特質や言葉の成り立ちなどを学ぶことができる。

一つ例をあげてみよう。最近話題になった本に村上春樹の『色彩をもたない多崎つくると、彼の巡礼の年』がある。タイトルにある「色彩」は、この作品で重要な働きをしている。主人公「多崎つくる」の友人は、それぞれの名前に色を持っている。「アカ」「アオ」「シロ」「クロ」の四色である。実は、この四つが日本語における四原色なのである。日本語における色を表すことばの内で、最も古い言葉がこの四つだと言われている。そして、「アカ」と「アオ」、「シロ」と「クロ」は対で用いられる。村上作品では、この四色が巧みに用いられている。色を表す言葉を学ぶことは、現代作品の読解にもつながるのである。(2)

　ましてや古典は国語科の一領域である。国語科は、「言語の教育としての立場を一層重視し」、子どもたちの日本語能力に中心的に責任を持つ教科である。また、古典を「言語の教育」と位置づけることで、古典を学ぶ積極的な意味も見えてくる。単に昔のことを知るというだけでなく、今私たちが話している言葉が、どのように成り立ち、どのような働きをしているかを、古典を通して考えることができる。古典教育が、昔の日本にはこんなすばらしいものがあったという懐古主義に陥ってしまうと、子どもたちにとってその魅力は半減する。

2　日本語の力を鍛える古典の授業

「言語の教育」としての古典とはどのようなものか。「おくのほそ道・平泉」を教材として考えてみる。

　三代の栄耀一睡のうちにして、大門の跡は一里こなたにあり。秀衡が跡は田野になりて、金鶏山のみ形を残す。まづ、高館に登れば、北上川南部より流るる大河なり。衣川は、和泉が城をめぐりて、高館の下にて大河に落ち入る。泰衡らが旧跡は、衣が関を隔てて南部口をさし固め、夷を防ぐと見えたり。さても義臣をすぐつてこの城にこもり、巧名一時の草むらとなる。「国破れて山河あり、城春にして草青みたり」と、笠打ち敷きて、時のうつるまで涙を落としはべりぬ。

　夏草や兵どもが夢の跡

　卯の花に兼房見ゆる白毛かな　曾良

　かねて耳驚かしたる二堂開帳す。経堂は三将の像を残し、光堂は三代の棺を納め、三尊の仏を安置す。七宝散り失せて、玉の扉風に破れ、金の柱霜雪に朽ちて、既に頽廃空虚の草むらとなるべきを、四面新たに囲みて、甍を覆ひて風雨を凌ぎ、しばらく千歳の記念とはなれり。

　五月雨の降りのこしてや光堂

（光村図書中学3年による）

平泉の章段は、「卯の花に〜」の曾良の句までを前半、それ以降を後半と大きく二つに分かれる。前半を読んでみると、「跡」が四回出てきていることに気がつく。「大門の跡」「秀衡が跡」「泰衡らが旧跡」「夢の跡」である。「跡」とは以前にものがあった所をいう。つまり、「大門の跡」とは前には大門があったが、今それはないことを表している。「秀衡が跡」「泰衡らが旧跡」も同様である。そのように見ていくと、前半には建物は何一つ出てこないのである。「高館」や「和泉が城」も今はなく、草むらでしかない。すべてが「跡」なのである。「三代の栄耀」を示す建物は何一つなく、すべて「跡」になっているのである。

それに代わり出てくるのが「金鶏山」[3]「北上川」「衣川」である。人が築いた建物は五〇〇年の時を経て「跡」となり、自然のみが昔と変わらずに残っている。そのように芭蕉は平泉の前半を描こうとしている。「国破れて山河あり」は、単に杜甫の詩の引用ではない。「国破れて」とは、すべてが跡になっている平泉の様と照応し、「金鶏山」「北上川」「衣川」を受けて「山河」と表現している。唐の都長安が戦乱に荒れ果てた様を描いたといわれる『春望』の一節は、『おくのほそ道』の中で、平泉のあり様を描くものへと変容する。

さらには、五〇〇年の時を経て残らなかったものを描く前半に対し、後半では今も残る光堂を描き出す。前半が「巧名一時の草むらとなる」とあるように、その姿形すらうかがえない「草むら」となっていることを描くのに対して、後半は「既に頽廃空虚の草むらとなるべきを」と「草むら」となるはずであったがならなかったものを描くのである。[4]

前半と後半の両方に出てくる「草むら」、その言葉を中心として見事な対比になっていることが読み取れる。前者はなぜ「草むら」となり、後者はなぜならなかったのか、自ずとそのような問いも浮かび上がってくる。

「跡」の繰り返しに気づくことから、そこに何も残っていない風景が描かれていることを読み取る。五〇〇年の時を経て人の造ったものはなくなり、残っているのは自然だけと対比的に描いていることがわかる。さらには、前半の「草むら」と後半の「草むら」とならなかったものとの対比。言葉の繰り返しや技法を読み取ることから、文章の奥に隠されていたものが浮かび上がってくる。表現に着目し、その意味を深く読み解いていく授業が古典教材においても可能なのである。

私は、数年前に「平泉」の授業を立命館小学校で行っている。「跡」の繰り返しや前半と後半の対比を読み取ることは、六年生でも十分可能であった。的確な教材研究のもとでの古典の授業は、古典の魅力を伝え、言葉を読むことのおもしろさを子どもたちにわからせてくれる。古典が「言語の教育」であることが、子どもたちにとって古典を学ぶ意味をより鮮明にするのである。

3　古典を通して文化を考える

小学校5・6年の「伝統的な言語文化に関する事項」の「古典について解説した文章を読み、昔の人のものの見方や感じ方を知ること。」について解説は、次のように述べている。

> 昔の人々の生活や文化など、古典の背景をできる限り易しく理解させ、昔の人のものの見方や感じ方に関心をもたせたり、現代人のものの見方や感じ方と比べたりして、古典への興味・関心を深めるようにすることが重要である。また、言語文化への興味・関心を深めるために、能、狂言、人形浄瑠璃、歌舞伎、落語などを鑑賞することも考えられる。

「おくのほそ道・平泉」は、日本の文化について考えていく上でも面白い教材といえる。『おくのほそ道』に限らず、多くの古典作品は、それに先行するさまざまな作品や時代の影響を受けながら成り立っている。私たちが古典を読むとき、先行する文学や文化に対する理解があると、よりいっそう作品を楽しむことができる。言いかえれば古典教育は、日本文化の歴史や有り様を理解していく上でも重要なのである。

平泉に来た芭蕉は、真っ先に高館を訪れる。高館は、源義経最期の地である。高館で「義臣すぐつてこの城にこもり」と義経主従を偲び、「笠うち敷きて、時の移るまで涙を落とし侍りぬ」とその追憶にふける。そして「夏草や兵どもが夢の跡」の句を詠み、それに対して、曾良は「卯の花に兼房見ゆる白毛かな」と応える。

義経のことを知らないとこの文章の意味は理解できない。これは授業で「高館」は源義経が最期を迎えた場所であることを説明すればよいというだけの問題ではない。

古典作品が様々な知識や教養さらには日本の文化のあり方を前提にして書かれていることを、わかっていくことが大事なのである。少なくとも教授者の側においては、そのことの理解が十分なされていなくてはならない。

『おくのほそ道・平泉』は、『義経記』や『平家物語』の理解を当然の前提として書かれている。曾良の句に兼房が登場する意味は『義経記』から分かる。『義経記』において、義経の死を見届け、館に火をかけ、自ら火中に飛び込んで、高館の戦いのまさに最後を締めくくるのが兼房なのである。兼房の登場は、『おくのほそ道』の義経追憶の終わりを意味する。そこに、曾良の句の意味がある。したがって、平泉の後半には義経の影すら見えない。

義経への思いは、芭蕉一人のものではない。歌舞伎十八番の『勧進帳』は都から平泉を目指して落ちていく義経主従の物語である。文楽そして歌舞伎の代表的な演目『義経千本桜』も、源平合戦後の義経主従の都落ちを描いている。能の『安宅』『船弁慶』『八島』などなど、義経に関わる演目は多い。それだけ見ても日本の文化の中での、義経人気の高さがわかる。「判官びいき」という言葉もある。

私たちが、古典に親しむ・触れるというのは、単に昔どうであったというだけではなく、それが今とどう関わっているのか、現在とつながる観点が大事である。古典教育は、昔を通して、今を見ていくことを大事にしなくてはならないのである。

注

（1）加藤郁夫『日本語の力を鍛える「古典」の授業』（明治図書・二〇一〇年）において、「言語の教育」の観点から古典教育について述べている。

（2）加藤は、古典の導入期における「日本語の中の色」の実践を、前掲書で提案している。

（3）「金鶏山」は「秀衡が平泉鎮護のため黄金造りの雌雄の鶏を埋め、富士山に擬して築いたといわれている」（光村図書三年の教科書脚注）。しかし、芭蕉はそれを人工物としてではなく、山としてここでは描いている。

（4）前半と後半の「草むら」をめぐる対比は、西郷竹彦氏が指摘されている。

V　国語の授業で「言語活動」を生かすためのヒントとなる読書案内・続編——私が薦めるこの一冊

『国語科における言語活動の授業づくり入門——指導事項の「分割」と「分析」を通して』（高木まさき 著）

浜本純逸（神戸大学名誉教授）

生活に生きてはたらく国語の力を育てるために、言語活動の授業をどう開発していくか、絶えずその目標と方法を探究していきたい。

　高木まさき氏は、これからの国語科教育の目的は新しい「リテラシー」の育成にあるとする。「言語活動の充実」は、そのための手段である、と言い切っている。高木氏は、「『リテラシー』は単に社会に適応するのではなく、社会に立ち向かい新たな価値を創出するための武器でなければならない。価値追随のためでなく、価値創造のための武器。」と定義し、その「リテラシー」を育成するために、言語活動を充実させよう、と呼びかけている（第Ⅳ章第25講）。この定義と呼びかけを「足場」として、明日の国語授業を創りだしていきたい。

　本書は、Ⅳ章構成である。

第Ⅰ章「言語活動の充実」がなぜ求められるのか
第Ⅱ章　指導事項の「分割」と「分析」にもとづく国語科の授業づくり
第Ⅲ章　指導事項の「分割」と「分析」にもとづく教材（学習材）研究
第Ⅳ章　言語活動を充実させる考え方

　本書の特色は、「言語活動の充実」を図る指導事項の「分割」と「分析」を提唱し、その観点と具体例を示していることである。
氏は「分割」という概念を、井上ひさし作『握手』のルロイ修道士の言葉、「困難は分割せよ」から援用した、と言う。

　第Ⅱ章・第Ⅲ章では、単元の構成・学習指導案づくり・教材（学習材）研究・言語活動の開発について「分割」と「分析」の実際を具体的に示している。

　例えば、第20講「言語活動としての新聞活用」では「論説や報道などに盛り込まれた情報を比較して読む」の観点を次のように例示している。

テーマ・課題——
　表現—題名、構成、文体—引用、語り
　内容—主張、現状、ものの見方
　　　—事例、データ

「引用、語り」を挙げている所に高木氏の新しさがある。

　このような観点は「学力を育てる言語活動の単元づくり」に汎用できる。

　「分割」と「分析」の観点とその適用例の新しさを探していくと本書の鮮烈さが立ち現われてくるであろう。

（教育開発研究所、二〇一三年、税込二一〇〇円）

『言語力を育む逆思考の読み』（白石範孝 著）

菅原 稔（岡山大学名誉教授）

　新指導要領の「総則」の冒頭「1」には、「児童の発達の段階を考慮して、児童の言語活動を充実する」べきことが述べられている。これは、「言語活動」の指導が、国語科だけではなく、すべての教科の中で行われなければならないことを意味する。すべての教育（学習）が、話す・聞く・読む・書く言語活動を主な媒体として行われる限り、それは、当然のことである。そのような観点から、社会、算数、理科…における言語活動のあり方を見直すとともに、言語活動を直接的な指導内容とする国語科においても、「『言語活動』を生かした国語の授業」のあり方の再検討が求められる。

　このような課題に正面から取り組み、具体的な方法論を実践的な観点から提示したのが本書である。

　白石範孝氏は、本書の中で、「言語活動」を次のように定義している。

　言語活動とは、言葉を活用して論理的に思考し、その内容を自分らしく表現するという思考の過程である。（13頁）

この考え方に立つ限り、「『言語活動』を生かした国語の授業」とは、ただ話す・聞く…活動に多くの時間を割くだけの授業のことではない。自分なりの、主体的・論理的な理解を、適切な形で自主的・個性的に表現する一連の過程こそが、あるべき「『言語活動』を生かした国語の授業」となる。

　「『言語活動』を生かした国語の授業」は、ただ単に、数多くの言葉が飛び交うだけの騒がしい教室で成り立つのではない。あくまでも、一人ひとりの児童が「言葉を活用して思考」する、積極的で主体的な、また同時に個性的で豊かな話す・聞く…活動に支えられた「読み」に基づくものでなければならない。

　白石範孝氏は本書で「作品の結末から『問い』『答え』と繰り返していく読み、『逆思考の読み』（子供の言葉では『うしろ読み』）」を提案しておられる。

　あるべき国語の授業―豊かな言語活動に支えられた授業―を求めていく中で、「逆思考の読み」（「うしろ読み」）に到達された。それは、ただ目新しいだけの授業方法ではない。ある意味で、手堅く着実、そして地道なものである。だからこそ、この方法は、いま求められる最新の授業のあり方とも言える。

　旧来の指導過程を乗り越える新たな方法が、本当の意味での「言語活動を生かす」指導方法として、本書に示されたのである。

（学事出版、二〇一〇年、税込九四五円）

『中学校・高等学校 言語活動を軸とした国語授業の改革 10のキーワード』（田中宏幸・大滝一登 編著）

足立悦男（放送大学島根学習センター）

中学・高校の先生がたに、言語活動を軸とした、すぐれた実践を紹介します。

本書は、ノートルダム清心女子大学（岡山市）の国語教育研究会で学び合う、中学校・高等学校・大学の国語教員による著作です。

この研究会は、中学校・高等学校の表現活動を重視した国語科授業の研究に取り組んできました。一九九五年の発足以来、一六年間にも及ぶ実践研究を積み重ねています。

本書は、二つの理論編（第1章・大滝／第3章・田中）と、以下の十の実践編（第2章）とで構成されています（カッコ内は主要な教材です）。

1 創作活動で親しませる（枕草子・徒然草）重松裕美
2 声に出して読ませる（竹取物語・平家物語）的場美絵
3 評価しながら読ませる（モアイは語る・イースター島になぜ森林がないのか）永幡泰子
4 日常の言語生活をひらかせる（投稿 作文・創作）北川久美子
5 他者と交流させる（新聞記者に挑戦）畝岡睦美
6 目的・場に応じて表現させる（源氏の愛した女性たち）中村清子
7 優れた表現から学んで書かせる（比喩・写真を使った短作文）三谷昌士
8 読書で広げさせる（多読のすすめ）高見京子
9 他の情報と比較して読ませる（村上春樹「アンダーグラウンド」ほか）香山真一
10 深めて発表させる（「こころ」全編を読む）槇野滋子

1〜3は中学校、4〜10は高等学校の実践です。単元名だけを見ても、中学校・高等学校での、多種多様な言語活動が展開されていることがわかります。

本書はこれらの実践を通して、「言語活動を軸とした国語授業改革」の「10のキーワード」を提案しています。10のキーワードに共通している授業の姿は、「生徒が主体的に思考する授業」（大滝）、「生徒が学びの主体となる授業」（田中）です。

本書は、中学校・高等学校において、言語活動をどう作り出していくか、その理論と方法を、実践を通して明らかにしています。

（三省堂、二〇一二年、税込二一〇〇円）

V　国語の授業で「言語活動」を生かすためのヒントとなる読書案内・続編――私が薦めるこの一冊

『すぐれた論理は美しい―Bマップ法でひらくことばの学び』（藤森裕治 著）

藤森裕治（信州大学）

本書は『バタフライ・マップ法―文学で育てる〈美〉の論理力―』（東洋館出版社、二〇〇七年）の続編として刊行された。

前著では、バタフライ・マップ法という学習過程論が文学的文章の読みに焦点を当てて提案されたが、本書では文学教材の読みはもとより、説明文の読み、ディベート・討論、小論文執筆、詩歌・物語創作、〔伝統的な言語文化と国語の特質に関する事項〕等、国語科の全領域における言語活動例が取り上げられている。

本書は四章構成である。

第Ⅰ章「すぐれた論理はなぜ美しいのか」では、三つのエピソードをもとに、本書のキーワードである〈美しい論理〉の定義と構成要素が提示され、〈美しい論理力〉を育てる教材分析の基本概念が示されている。

第Ⅱ章「Bマップ法で〈美しい論理力〉を育てる」では、〈美しい論理力〉を育てる授業の実際として、

・物語・小説の「読み」の授業
・随想・評論の「読み」の授業

の実践記録が示され、次の言語活動におけるBマップ法の活用の仕方が解説されている。

・ディベートや討論をする
・意見文や小論文を書く
・俳句、短歌を創作する
・物語を創作する
・語彙を豊かにする

第Ⅲ章「〈美しい論理力〉の拡張」では、入門期の教室で育てる〈美しい論理力〉として「入門期用Bマップ」が実践記録と共に示されている。また、他教科・特別活動で〈美しい論理力〉を育てる言語活動例として、「算数・数学」、「理科」、学級活動、部活動における実践例が示されている。更に、地域・学校で探究する〈美しい論理力〉として、Bマップ法を自治体レベルの教育研究会で取り入れた実践例、学校全体の教育開発研究で取り入れた実践例が紹介されている。

第Ⅳ章「〈美しい論理力〉を磨くために」では、第Ⅰ章に対応して四つのエピソードが紹介され、Bマップ法を越えた次元で捉える〈美しい論理〉の在り方が示唆されている。また、生涯学習の見地から、学術研究として〈美しい論理〉を探究した事例を紹介して結びとなっている。

以上の構成に加え、本書には八編のコラム・エッセイが掲載され、「授業づくりの知恵」として、のべ二三項目の「知恵」が埋め込まれている。

自著推薦で汗顔の至りですが、多くの方にご覧いただければ幸いです。

（東洋館出版社、二〇一三年、税込二六二五円）

『「知」のソフトウェア』（立花隆 著）

甲斐雄一郎（筑波大学）

著者が現代を代表する評論家、ジャーナリストであることについては贅言を必要とはしないだろう。一九七〇年前後から今日にいたるまで、田中角栄から脳死や臨死体験、さらには宇宙の諸問題など、分野を軽々と超え、しかも広範囲な読者を獲得し続けてきたのが立花隆なのである。本書の公刊は三十年近く前のことであるが、二〇〇九年八月の時点で四三刷に達し、現在でも入手は容易である。このことは、この間の情報環境の激変にもかかわらず本書が古びていないことを意味するものである。

副題の「情報のインプット&アウトプット」が示すように、十二章から成る本書は立花による自らの言語活動の方法開示の内容である。一例として第七章「『聞き取り取材』の心得」を挙げてみよう。このことについて立花は次のように述べている。

「最も大切なことは、自分がその相手から聞くべきことを知っておくことである。これはあまりにも当たり前のことで、人に話をきこうとする場合の当然の前提だから、とりたてて注意を払うべきことではないと思われるかもしれない。しかし、私にいわせれば、これ以上に本質的に大切なことは何もなく、あとは大部分が瑣末なテクニック論である。『問題を正しくたてられたら、答えを半分見い出したも同然』とよくいわれる。これはまったく正しい。同様に、聞き取りに際しても、聞くべきことがわかっていれば、半分聞き出したも同然なのである。」（一二二頁）

この主張によるならば、国語科の内容とされる「適切な言葉遣いで話すこと」「相手を見たり、言葉の抑揚や強弱、間の取り方などに注意したりして話すこと」などは「瑣末なテクニック論」ということになる。しかし国語科でかりにそれらのことを大切にする指導を構想しようとするのであれば、なおのことそれらが意味を持つようにすることに自覚的であることが大切だ、というようにも読めるだろう。

こうした見方を他の言語活動の場合、たとえば話し合うことの学習指導に適用するならば、「自分たちが話し合うべきことを知っておくこと」、調べるための読書の場合には「自分がその本から読み取るべきことを知っておくこと」、などという読み替えが可能である。そしてそれらの営みが、言語活動のための教材研究のあり方を示唆するように思われるのである。

（講談社現代新書、一九八四年、税込七七七円）

Ⅴ　国語の授業で「言語活動」を生かすためのヒントとなる読書案内・続編――私が薦めるこの一冊

『プレゼンテーションZen――プレゼンのデザインと伝え方に関するシンプルなアイデア』（ガー・レイノルズ　著）

中川一史（放送大学）

本来、プレゼンテーションとは、一方的な説明に終わらず、情報を提示し、理解・納得を得て、相手の次の行動を促すものである。本書は、「準備」「デザイン」「実施」という三つの柱で構成されている。冒頭から、文字がびっしり詰まったプレゼンシートの弊害に触れている。これまであたり前に感じていたプレゼンについての発想の転換を促している。

本書で伝えたい一番のメッセージは、プレゼンはシンプル・明快・簡潔であるべきだということだ。さらには、以下のような主要なメッセージが、さまざまなバリエーションの例示や各界のプレゼンの達人の極意とともに語られる。

・プレゼンの構想の段階ではコンピュータから離れること。

・ビジュアルの方が箇条書きよりも人々の記憶に残りやすいこと。

・空白を意識し、それを使ってより明確なビジュアルを作り上げること。

・リハーサルを重ねれば重ねるほど、自信が深まり、聴衆の目にはやすやすとパフォーマンスをこなしているように見えること。

小中学校の国語科の学習指導要領本文の中に、学習活動として「プレゼンテーション」という言葉は見受けられない。小学校学習指導要領解説国語編にしても、後に紹介する一カ所、それもソフトウエアについて、中学校学習指導要領解説国語編では、「プレゼンテーション」としてはスピーチの一つのバリエーションとして示されている程度だ。とは言うものの、図表や写真・絵と言葉・文章との行き来を促しながら伝え合うような内容は、随所に示されている。

しかし、国語科での実際の授業においては、やはり「はっきり・ゆっくり」などの話し方や発表原稿そのものの指導にほとんどの時間をさく場合が少なくない。その結果、いつまでたっても、原稿から目を離せず、示す資料の妥当性がどこかに飛んでしまい、相手や目的を意識させたプレゼンテーションが成立していない。本書はこれまで行ってきた指導について、少なからず一度踏みとどまって考える機会を与えてくれるだろう。

本書は単なるプレゼンテーションのノウハウ本ではない。ましてや、ソフトウエアの使い方解説本でもない。プレゼンテーションに対する構え（筆者は「アプローチ」と言っている）を示している。

いずれにしても、本書には教員研修で実施・検討したい内容が盛り込まれている。

（ピアソン・エデュケーション、二〇〇九年、税込二四一五円）

【編集委員紹介】

阿部　　昇（あべ　のぼる）〔編集委員長〕

秋田大学教育文化学部教授。

科学的『読み』の授業研究会代表、日本教育方法学会常任理事、全国大学国語教育学会理事、日本NIE学会理事。

〈主要著書〉『文章吟味力を鍛える――教科書・メディア・総合の吟味』明治図書出版、『授業づくりのための「説明的文章教材」の徹底批判』明治図書出版、『徹底入門・力をつける「読み」の授業』学事出版、『頭がいい子の生活習慣―なぜ秋田の学力は全国トップなのか』ソフトバンク・クリエイティブ、他。

加藤　郁夫（かとう　いくお）

初芝立命館高等学校教諭。

科学的『読み』の授業研究会事務局長。

〈主要著書〉『教材研究の定説化「舞姫」の読み方指導』、『科学的な「読み」の授業入門』［共著］東洋館出版社、『日本語の力を鍛える「古典」の授業』明治図書出版、他。

永橋　和行（ながはし　かずゆき）

立命館小学校教諭。

科学的『読み』の授業研究会事務局次長。

〈主要著書〉『教材研究の定説化「おこりじぞう」の読み方指導』明治図書出版、『教材研究の定説化「お母さんの木」の読み方指導』［共著］明治図書出版、『総合的学習の基礎づくり3「学び方を学ぶ」小学校高学年編』［共著］明治図書出版、他。

柴田　義松（しばた　よしまつ）

東京大学名誉教授。

総合人間学会副会長、日本教育方法学会常任理事。

日本教育方法学会代表理事、日本カリキュラム学会代表理事などを歴任。

〈主要著書〉『21世紀を拓く教授学』明治図書出版、『「読書算」はなぜ基礎学力か』明治図書出版、『学び方の基礎・基本と総合的学習』明治図書出版、『ヴィゴツキー入門』子どもの未来社、他。

国語授業の改革13
若い教師のための「言語活動」を生かした国語の授業・徹底入門
――「ねらい」の決め方、教材研究のコツ、授業展開のポイント

2013年8月20日　第1版第1刷発行

科学的『読み』の授業研究会［編］
（編集委員：阿部昇／加藤郁夫／永橋和行／柴田義松）

発行者　田　中　千津子
発行所　株式会社　学　文　社

〒153-0064　東京都目黒区下目黒3-6-1
電　話　03（3715）1501㈹
ＦＡＸ　03（3715）2012
振　替　00130-9-98842
http://www.gakubunsha.com

印刷所　メディカ・ピーシー

ISBN 978-4-7620-2394-1